A CARNE E A ESCRITA

UM ESTUDO PSICANALÍTICO SOBRE A CRIAÇÃO LITERÁRIA

Roberto Barberena Graña

A CARNE E A ESCRITA

UM ESTUDO PSICANALÍTICO SOBRE A CRIAÇÃO LITERÁRIA

Casa do Psicólogo®

© 2005 Casa do Psicólogo Livraria e Editora Ltda.
É proibida a reprodução total ou parcial desta publicação, para qualquer finalidade,
sem autorização por escrito dos editores.

1ª Edição
2005

Editores
Ingo Bernd Güntert e Myriam Chinalli

Editora Assistente
Christiane Gradvohl Colas

Assistente Editorial
Sheila Cardoso da Silva

Produção Gráfica e Capa
Renata Vieira Nunes

Editoração Eletrônica
Valquíria Kloss

Revisão Gráfica
Luís Carlos Peres

Dados Internacionais de Catalogação na Publicação (CIP)
(Câmara Brasileira do Livro, SP, Brasil)

Graña, Roberto Barberena
A carne e a escrita: um estudo psicanalítico sobre a criação literária / Roberto Barberena Graña. – São Paulo: Casa do Psicólogo®, 2005.

Bibliografia.
ISBN 85-7396-383-2

1.Análise de textos 2. Subjetividade 3. Psicanálise I. Título

---

05-5054   CDD- 150.195

Índices para catálogo sistemático:
1. Criação literária: Psicanálise: Psicologia 150.195

Impresso no Brasil
Printed in Brazil

Reservados todos os direitos de publicação em língua portuguesa à

Casa do Psicólogo® Livraria e Editora Ltda.
Rua Mourato Coelho, 1059 Vila Madalena 05417-011 São Paulo/SP Brasil
Tel.: (11) 3034.3600 E-mail: casadopsicologo@casadopsicologo.com.br
site: www.casadopsicologo.com.br

Para minhas filhas, Diana e Laura,
joie de vivre de mon coeur.

Só conseguimos deitar no papel os nossos sentimentos, a nossa vida. Arte é sangue, é carne. Além disso, não há nada. As nossas personagens são pedaços de nós mesmos. Só podemos expor o que somos.

Graciliano Ramos

Todo artista está ligado a um erro, com o qual mantém uma relação especial de intimidade. Toda arte tem origem numa falha excepcional, toda obra de arte é a execução dessa falha de origem, de que resultam para nós a ameaça de aproximação da plenitude e uma nova luz.

Maurice Blanchot

Sumário

Prefácio, *Jane Tutikian* 11

Introdução: elementos para uma crítica literária psicanalítica de fundamentos transdisciplinares 15

1 – Graciliano, Cabral e o Outro: sobre as possíveis potencialidades terapêuticas da relação autor/texto/leitor 57

2 – O substrato vivencial do texto literário: corporeidade, alteridade e escrita em Graciliano Ramos 85

3 – Graciliano, escravo e senhor: contradições e ambigüidade no esforço de síntese literária do inconciliável 115

4 – O desespero pré-sentido: sobre espertos e otários, luzes e trevas, cordas e cachaços e as múltiplas dimensões do Outro 143

5 – Graciliano entre a insônia, a insânia e o nó: breves registros noturnos de uma carcaça pendular 179

Bibliografia 209

Prefácio

*I*números são os trabalhos acadêmicos e as teses, no Brasil e no exterior, que investigam a obra de Graciliano Ramos. Ainda assim, é com convicção e alegria que vejo, na obra que agora apresento, um trabalho diferenciado, que, por si só, diz a que vem: ampliar o campo do conhecimento.

É a partir do filósofo Michel Serres e de seu grupo que se começa a pensar e a buscar a interdisciplinaridade – mais tarde, transdisciplinaridade – como forma de superação do conhecimento compartimentado de nosso tempo. Pois Roberto Barberena Graña, com *A carne e a escrita: um estudo psicanalítico sobre a criação literária,* vem corroborar a importância de Graciliano, lançando luzes outras sobre a obra desse escritor brasileiro.

Partindo da premissa de que a teoria literária, a filosofia e a psicanálise estão intimamente ligadas, Graña oferece as pontes para o estabelecimento desse diálogo, estudando, criticamente, a relação – às vezes tão combatida nos meios literários – entre a vida e a obra de Graciliano Ramos.

Aceitando o desafio de contrariar a academia, criticando a própria crítica literária, sobretudo aquela que se contrapõe às críticas biográfica, psicológica e psicanalítica por seu deslocamento de objeto – da obra para o autor –, Graña, que não poupa Leyla Moisés, Julia Kristeva, Mikhail Bakhtin ou Lucien Goldmann, entre outros, constrói o percurso desse diálogo possível e profícuo entre a literatura e a psicanálise. "Negar que o pensamento psicanalítico representou um efetivo *turning-point* em toda e qualquer reflexão possível de ser desenvolvida no interior do campo das Ciências Humanas é mais ingenuidade do que rebeldia", afirma o autor de *A carne e a escrita*.

Evidentemente, esse posicionamento, por vezes irônico, de Roberto Graña não é gratuito, é produto de muita pesquisa, de muita reflexão e de invejável bagagem de leitura realizada. Àqueles que negam as críticas biográfica, psicanalítica e psicológica, o autor opõe Lévi-Strauss, Barthes, Lacan, Ricoeur, Foucault, Genette e outros até chegar ao *projeto existencial* sartreano, ao *espaço fenomenal* de Merleau-Ponty, e ao *espaço transicional* de Winnicott e seus antecedentes.

É esse lastro cultural de Graña que, aliado a um temperamento fortemente inquiridor e crítico, servirá de aporte na definição de uma abordagem psicanalítico-literária do problema das relações sujeito/ Outro na obra de Graciliano Ramos. Quer dizer:

> a operância do diálogo com uma alteridade impessoal que, emergindo do inconsciente, move o escritor ao imperioso exercício da escrita, e os efeitos de subjetivação que esse ato será capaz de produzir, conduzindo ao exame das possíveis potencialidades 'terapêuticas' das relações do autor com o texto, com os personagens e com o leitor suposto, com quem ao escrever ele pretende entrar em interlocução.

Para isso, toma como objeto de análise sobretudo: *Angústia* (1936), *São Bernardo* (1934), *Insônia* (1947), *Memórias do cárcere* (1954) e *Infância* (1945) e busca mostrar como Graciliano foi um desses "trilhadores das margens do abismo, desses invocadores de entidades infernais", marcados pela presença constante e insistente do temor da loucura e, ainda, intrinsecamente, marcados pela crueldade, o que, segundo Roberto Graña, o faz conceber uma das melhores linhas da literatura brasileira.

Assim, é com desenvoltura, sensibilidade e propriedade, que o autor de *A carne e a escrita: um estudo psicanalítico sobre a criação literária,* consegue articular a matriz vivencial do texto, a narrativa ficcional, ressaltando as potencialidades da teoria e da crítica literárias como instrumentos que, aliados à investigação psicanalítica, podem produzir inclusive benefícios clínicos. E o faz num trabalho arquitetado com brilho e coesão, num ajuste exemplar da obra de Graciliano à teoria psicanalítica.

Não é uma leitura fácil a que se propõe ao leitor, mas é uma leitura instigante e por isso mesmo prazerosa, em que a articulação da análise gera uma modulação textual totalmente singular: a de Roberto Barberena Graña. A obra e a teoria brilhantemente ajustadas permitem ao leitor vislumbrar as zonas de influência e de complementaridade da literatura e da psicanálise, imprimindo legitimidade a seu discurso crítico, fazendo, já, de seu texto, uma referência, e iluminando, como poucos conseguiram, um dos maiores escritores brasileiros do século XX.

Jane Tutikian
Escritora, doutora em Letras e professora do PPG – Letras da UFRGS.
Porto Alegre, 29 de abril de 2005.

Introdução:
Elementos para uma Crítica Literária Psicanalítica de Fundamentos Transdisciplinares

A abordagem psicanalítica do texto literário tem se caracterizado freqüentemente, para desgosto dos teóricos da literatura e dos críticos literários, por um tratamento do texto ficcional e de suas relações com o autor, o qual raramente é distinguido do personagem principal ou do narrador, como se da abordagem de um caso clínico se tratasse, dando margem a interpretações marcadas de um lado pela ingenuidade epistêmica e pela impropriedade metodológica e de outro por uma inadvertida inconveniência ética, conduzindo inúmeras vezes a conjecturas assaz inconsistentes e algo irresponsáveis que, ao invés de colocarem a psicanálise e a literatura em diálogo fértil, evidenciam, contrariamente, a inutilidade de uma disciplina para a outra se qualquer delas for tratada instrumentalmente de maneira inábil, ligeira e imatura.

A crítica literária, por sua parte, responde freqüentemente a tais descuidos de forma estridente e, às vezes, excessiva. Ocorre como se a invasividade desajeitada do psicanalista, ou do crítico psicanalítico, autorizasse uma réplica simetricamente oposta que se contrapõe àquela de forma exaltada e equivalentemente imprópria.

Em *Falência da Crítica*, de Leyla Perrone Moisés (1973), encontramos uma crítica da crítica que talvez nos possa servir de exemplo ilustrativo para demonstrarmos como reagem os especialistas à conduta intrusiva do psicanalista ou do crítico psicanaliticamente instruído (que parece ser igualmente tomado como um forasteiro) no particular domínio da crítica literária.

Sem ocultar as suas simpatias pessoais, ao menos as que ostentava na época da publicação do livro, Moisés empreende uma desconstrução devastadora dos modelos críticos que em diferentes momentos, ou simultaneamente, sugeriram tendências ou linhas de reflexão sobre o texto literário no século que passou. Exibindo evidente afinidade com a perspectiva estruturalista, a autora faz girar sua metralhadora atingindo pelo menos dez escolas de pensamento crítico, parecendo mostrar-se mais notavelmente incomodada, porém, com o que denomina de "crítica biográfica" e "crítica psicológica e psicanalítica".

Sua temerária crítica de todas as críticas pretende fundamentar-se ou justificar-se através do fato da autora haver-se proposto a realizá-la tendo "como ponto de partida uma obra cuja centenária novidade espicaça a crítica, mas que, irredutível à análise, acaba por tornar irrisório todo e qualquer comentário. Essa obra é a de Isidore Ducasse, em literatura Conde de Lautréamont"[1], um escritor "sem biografia", conforme afirma a autora, contradizendo logo a própria afirmação ao apresentar, no capítulo introdutório, uma resenha biográfica do escritor uruguaio, embora se constitua, é verdade, de poucos dados documentais e de depoimentos colhidos aqui e ali através de alunos, amigos ou pessoas que estiveram, eventualmente, em contato com Ducasse em Montevidéu e em Paris.

Embora, ao que tudo indica, sua intenção primordial seja a de manter-se dentro de parâmetros sugeridos pela peculiaridade dessa obra e desse autor, veremos que ao longo dos muitos capítulos de seu livro Leyla Perrone Moisés tende a generalizações perigosas,

---

[1] Moisés, L. P. *Falência da Crítica*. São Paulo: Perspectiva, 1973, p. 9.

nas quais um ímpeto ligeiramente anárquico parece comprometer a legitimidade das suas afirmações, especialmente no que se refere, conforme apontado antes, às críticas biográfica e psicanalítica. Segundo a definição da autora, a crítica biográfica toma como pressuposto que "a obra é a transposição de uma vida", ou não mais que "um retrato retocado" das vivências do autor: "Efeito de uma causa, a obra se desvendaria quando as causas, situadas na existência do homem escritor, fossem bem conhecidas."[2] A simplicidade desse enunciado parece mal ocultar o secreto propósito de, forçando *ad extremum* um importante – embora não único nem absoluto – pressuposto da crítica biográfica, reduzi-la a tal proposição e, dessa forma, mais facilmente neutralizá-la como representando uma perspectiva contemporaneamente obsoleta.

Um dos pontos principais aos quais se dirige a investida da autora é o de que essa crítica está fatalisticamente condenada a utilizar-se de uma argumentação circular, e que "tendo partido da obra em direção à biografia, vê-se novamente devolvida à obra, como uma canoa lançada ao mar é devolvida pela ressaca"[3]. Veja-se que, a considerar-se tal argumento como falseante de uma perspectiva crítica, deveríamos enviar pelo mesmo ralo toda e qualquer interpretação que utilizasse um instrumento de verificação que é formalmente proposto por Paul Ricoeur (1969), quando afirma, por exemplo, que a prova em psicanálise será sempre fornecida pelo "círculo hermenêutico", onde os resultados clínicos confirmam os pressupostos teóricos ao mesmo tempo em que aportam novos dados para que a teoria possa continuar a desenvolver-se. O mesmo se aplica também a todas as ciências ou disciplinas cujos axiomas não são passíveis de confirmação ou de refutação por meio do método experimental *stricto sensu*.

Como episódio pretensamente revelador das limitações a que está submetida a crítica biográfica, Moisés aponta um erro cometido por

---
[2] Ibidem, p. 51.
[3] Ibidem, p. 52.

Soupault ao prefaciar a obra completa de Lautréamont, onde tentou identificá-lo com a pessoa real de Félix Ducasse, um conhecido tribuno do segundo império. Embora o engano tenha sido apontado e desfeito por alguns escritores surrealistas, a autora entende que o fato de que o mesmo tenha sido aceito pela plausibilidade do argumento aponta os equívocos em que poderão incorrer aqueles que se preocuparem com a pessoa do autor.

No seguimento, a autora critica depreciativamente a biografia de Lautréamont escrita por Peyrouzet, por ser uma biografia conjectural, "uma biografia da qual o personagem principal está ausente, um ponto vazio no centro de um quadro minuciosamente traçado, uma figura impressa em côncavo"[4]. É curioso que ela lance mão desse tipo de argumento quando, segundo os pressupostos estruturalistas que adota, não haveria nenhuma novidade em se afirmar que toda biografia é sempre côncava, que o autor será sempre e definitivamente esquivo às tentativas dos críticos de apreendê-lo, ou que o que encontraremos no centro de todo texto, como de todo sujeito, não será nunca mais do que um buraco[5]. Ao afirmar, relativamente à tentativa de Peyrouzet de evocar cenários onde supostos fatos teriam ocorrido, que "Ducasse parece estar sempre ausente desses cenários, pois assim que o círculo se fecha em volta de sua pessoa, os documentos se tornam raros e o biógrafo é forçado a recorrer às suas 'antimemórias', isto é, sua obra", ou que "Além do mais, o estilo dessa biografia é todo interrogativo, semeado de 'talvez' e de hipóteses", ou ainda que "Como tudo é hipotético, um passo a mais e estamos em plena ficção"[6], a autora parece não se aperceber das contradições que suas próprias premissas parecem implicar. Segundo ela mesma afirma: "A biografia, como gênero, situa-se entre a história e a ficção."[7] Não haveria, portanto, nenhuma transgressão metodológica se encontrássemos em

---
[4] Ibidem, p. 54.
[5] Lacan, J. (1966). Subversão do sujeito e dialética do desejo no inconsciente freudiano. In *Escritos*, Rio de Janeiro: Zahar, 1998.
[6] Moisés, 1973, p. 55.
[7] Ibidem, p. 56.

determinado estudo biográfico maior ênfase no recurso ficcional, como em outro maior precisão factual, dependendo dos dados confiáveis com os quais em menor ou maior número pudéssemos então contar. A autora, porém, e apresentando agora de forma menos sutil suas simpatias pessoais, ataca: "Como os documentos faltam, Peyrouzet se torna romancista. E em matéria de ficção, preferimos a personagem criada por Julio Cortázar no conto 'El otro cielo', o Uruguaio que a epígrafe do conto identifica como sendo Isidore Ducasse."[8]

Já nessas poucas passagens essa ambiciosa crítica de todas as críticas parece notadamente fragilizar-se. Primeiramente, se a biografia se situa como gênero entre a história e a ficção, está de antemão estabelecido que trabalharemos em maior ou menor grau com recursos e elementos de natureza imaginária. Pode-se afirmar, portanto, a respeito da biografia, o que nos é proposto por Turchi (1997) a respeito da autobiografia: que ela opera num "território onde as categorias de verdade, de realidade e de ficção não podem ser nitidamente demarcadas. (...) seu essencial jogo duplo é o de pretender ser, ao mesmo tempo, um discurso verídico e uma obra de arte, um sistema de tensão entre a transparência referencial e a pesquisa estética"[9]. Que os enunciados sejam hipotéticos e formulados sob a forma de interrogações não desmereceria em nada o estilo do autor, evidenciando, pelo contrário, certa cautela temerosa ou cuidado deliberado do biógrafo ao lidar com dados imprecisos que recorrem, necessariamente, a recursos conjeturais como condição mesma de sua nomeação. O problema, então, não parece ser mais da crítica biográfica em si, mas da emissão de um juízo e da tomada de decisão relativamente à adequação ou não de determinado objeto a uma modalidade de pensamento crítico particular.

---

[8] Ibidem, p. 56.
[9] Turchi, M. Z. Graciliano Ramos: memórias cruzadas. In: *Literatura confessional*. (Org.) Maria Luiza Remédios. Porto Alegre: Mercado Aberto, 1997, p. 209.

No entanto, Leyla Perrone Moisés não parece querer limitar-se a isso, mas tende a generalizar sua antipatia com a crítica biográfica, e ao que tudo indica também com a biografia como gênero literário, ao afirmar que

> Ela considera a obra como imagem fiel do escritor enquanto homem, confunde o nível literal da obra com o nível referencial. Ela se esquece de que a linguagem, e particularmente a linguagem opaca da literatura, abre uma brecha entre o sujeito da enunciação e o sujeito do enunciado, esquece que, como diz Barthes, narrador e personagens são seres de papel[10].

É, no entanto, uma ânsia de literalidade e de referência o que conduz a autora a desconfiar tão vertiginosamente de toda tentativa de reconstituição biográfico-ficcional da vida do autor, das possíveis condições existenciais ou míticas – e não empíricas – de gênese da sua obra, levando-nos mesmo a supor que em sua posição poderia estar implicado um pressuposto cientificista, segundo o qual, tudo aquilo de que não possuímos uma certeza empiricamente verificável seria inútil como matéria-prima a ser utilizada para a produção do enunciado, comprometendo sempre sua excelência formal.

Embora tendamos a concordar com a autora no que se refere à comum confusão entre o sujeito do enunciado e o sujeito da enunciação, nos estudos biográficos realizados predominantemente a partir da leitura da obra ficcional, tal afirmativa não pode ser rapidamente generalizada e talvez corresponda mais acertadamente a um determinado tipo de crítica autobiográfica – que iremos também oportunamente criticar – do que à crítica biográfica *lato sensu* e, principalmente, àquela que privilegia a perspectiva psicanalítica seguindo os parâmetros que pretendemos na seqüência deste estudo apresentar. Após apontar o fato de que, da primeira para a segunda edição dos *Cantos de Maldoror*, Lautréamont substituiu o nome do amigo Georges Dazet por "um polvo de olhar de seda", Moisés afirma que se não

---
[10] Moisés, 1973, p. 58.

conhecêssemos a primeira edição não saberíamos nunca que o polvo está no lugar de Dazet, o que não seria uma grande perda para a leitura da obra, segundo insinua. A isso nós poderíamos responder, ao que parece sem maiores dificuldades, com um contra-argumento segundo o qual, se não dispuséssemos de certos – muitos ou poucos – dados acerca de alguma coisa, não escreveríamos nunca nada a respeito de coisa alguma, o que tem como implicação maior a conclusão de que toda aproximação ao objeto, no campo de investigação das *geisteswissenchaften*[11], será sempre tentativa, tateante, fragmentária e algo ficcional.

Sua crítica da crítica psicológica repisa o mesmo argumento pontual de que essa abordagem encara a obra "como uma expressão mais ou menos consciente da personalidade do escritor"[12]. O advento da psicanálise parece-lhe não alterar muito esse estado de coisas, na medida em que, segundo a autora "a descoberta e a divulgação da psicanálise puseram em evidência a indigência dessas interpretações psicológicas, sem, entretanto, abalar seu ponto de partida, isto é, a busca do segredo da obra na psique do artista". Embora ressalte o cuidado de Freud em suas incursões na literatura, sobretudo suas ressalvas referentes "ao caráter lacunoso e hipotético dos dados biográficos de que dispõe o pesquisador", ela afirma posteriormente, citando Sarah Kofman, que "se trata de reservas teóricas desmentidas pelas próprias análises freudianas das obras artísticas".

Nesse ponto particular deveremos concordar inteiramente com o comentário de Leyla Perrone Moisés, inclusive quando afirma que

> Depois de Freud, a aplicação da psicanálise à literatura se tornou uma moda, e foi realizada de modo freqüentemente abusivo, quer por médicos que desprezavam a autonomia do fenômeno literário, quer por críticos literários que manipulam levianamente os conceitos psicanalíticos[13].

---

[11] As *ciências do espírito*, literalmente, ou as *ciências humanas*, de maneira geral.
[12] Ibidem, p. 87.
[13] Ibidem, p. 88.

A dura crítica feita por Lacan ao estudo consagrado por Marie Bonaparte à obra de Edgar Allan Poe aparece com uma primeira insurgência provinda do interior do campo psicanalítico ao tratamento ingênuo e irresponsável da obra de arte literária e da biografia do autor. Outro excesso da mesma natureza é cometido por Jean-Pierre Soulier (citado por Moisés) quando propõe um diagnóstico psicopatológico que classifica Lautréamont como gênio esquizofrênico, cuja doença psicótica poderia ser explicada através de uma análise da linguagem:

> O médico parte do pressuposto discutível de uma 'linguagem normal' da qual o poeta se afastaria. Ora, existem teóricos que vêem a literatura exatamente como uma linguagem que se afasta da norma (...) é preciso admitir que a linguagem literária se desenrola num outro plano e segundo outra lógica, e que ela não pode ser analisada como se se tratasse de um simples documento psicológico[14].

Estamos ainda aqui inteiramente de acordo com Leyla Moisés, inclusive no seu sarcástico comentário sobre a designação, pela psicóloga Yvonne Rispal, do vocabulário dos *Cantos* como um "'Vocabulário esquizóide: o ângulo, o inverno, o silêncio, o ponto e seu conteúdo de fixidez, aliado à fixidez do olho'. Tal enumeração de palavras esquizóide espicaça nossa curiosidade: qual seria o vocabulário literário considerado normal?" Mais justa e legitimada ainda é sua ironia ao refutar o que denomina de "decodificação de Lautréamont pela psicanálise", realizada por Jean e Mezei, a qual

> revela-nos um complexo de Édipo associado a um amor 'orestiano' pelo pai. O pai, na obra, é representado por Deus, enquanto a mãe é representada ora pelo mar (*la mer*) ora pelas matemáticas, num labirinto interpretativo em que se perde facilmente o fio[15].

---
[14] Ibidem, p. 90.
[15] Ibidem, p. 92.

Em notável sintonia, ainda, com nossa concepção transdisciplinar de um uso possível da psicanálise pela crítica literária, Leyla Moisés elogia as abordagens bachelardiana e blanchotiana de Lautréamont. Sobre Gaston Bachelard, ela escreve:

> A análise de Bachelard, revelando na obra a agressividade expressa pelas metáforas animalescas (a garra e a ventosa), o tema da metamorfose e a revolta do escolar contra o dispositivo pedagógico, trouxe à crítica de Lautréamont uma colaboração de grande importância (...) Nesse caso a psicanálise serviu à crítica. Bachelard não procurou sintomas psicóticos em Lautréamont; mostrou como certas tendências provavelmente psicóticas do autor se manifestaram em literatura: como a animalidade se fez metáfora, como a revolta agitou a linguagem, como as obsessões criaram o clima e a unidade da obra[16].

E referindo-se à crítica psicanaliticamente instruída de Maurice Blanchot, acrescenta:

> A utilização da psicanálise por Maurice Blanchot nos parece igualmente exemplar. Quando se trata de um tema como o do escalpo, o crítico informado pela psicanálise é naturalmente inclinado a aplicá-la. Mas considerar o deciframento psicanalítico da imagem como um fim, seria abandonar a tarefa de crítico literário exatamente onde ela começa. Blanchot não chega à interpretação psicanalítica, ele parte dela. (...) Partindo da interpretação psicanalítica de uma imagem, Blanchot chega a problemas de composição da obra, isto é, ao problema da integração do tema de origem neurótica em um sistema verbal artístico.[17]

Como se pode ver, a autora ataca mais moderadamente, ou mais setorialmente, a crítica psicanalítica do que a crítica psicológica e a

---
[16] Ibidem, p. 94.
[17] Ibidem. p. 95.

crítica biográfica. Em sua posição ambígua, no entanto, ela afirma que

> essa crítica sofre da indefinição do objeto. A ciência psicanalítica procura uma verdade, situada no indivíduo – o autor (...) A crítica literária, por sua vez, procura um valor situado na obra. (...) Em sua oscilação entre a ciência e a apreciação estética, o crítico psicanalítico pretende por vezes atingir os dois objetivos, o que é impossível. Esta ciência busca a enunciação de uma verdade, que deve ser simples e assertiva; o julgamento estético é complexo e sempre declaradamente provisório[18].

Podemos aqui mais uma vez observar como a autora repetidamente elementariza os objetivos, métodos e formulações psicanalíticas para melhor manipulá-los em sua refutação, insistindo, por exemplo, em que a verdade passível de ser psicanaliticamente enunciada sobre a obra de arte literária deverá ser "simples e assertiva". De que cartola, no entanto, retira a autora esse coelho? Se ela própria refere-se elogiosamente às contribuições de Bachelard e Blanchot, e mais adiante à de Lacan, afirmando que as teorias deste "conduziriam certamente a resultados mais interessantes, na medida em que Lacan encara o inconsciente como linguagem, preocupando-se menos com uma verdade semântica do que com uma realidade sintática"[19], por que insistiria em recriminar a utilização indiscriminada e generalizada do paradigma edipiano por autores como Ernest Jones, por exemplo, cuja obra reflete ainda o antigo modelo da "psicanálise aplicada" que, como a própria autora aponta e nós prontamente reconhecemos, mostra-se efetivamente impróprio para a abordagem crítica da obra literária?

Surpreendente é, porém, que no capítulo dedicado à crítica estruturalista e semiológica, que acolhe com júbilo, seja justamente Julia

---

[18] Ibidem, p. 96.
[19] Ibidem, p. 101.

Kristeva a autora mais freqüentemente citada por Moisés. Kristeva, como sabemos, é membro titular e analista didata da Sociedade Psicanalítica de Paris e da Associação Psicanalítica Internacional e, como tal, serviu-se sempre da psicanálise e de axiomas psicanalíticos, implícita ou explicitamente presentes no texto, como suportes epistemológicos de seu pensamento crítico, sem dúvida influenciado pelo estruturalismo, especialmente por Barthes, o mestre tantas vezes por ela celebrado.

Para Leyla Moisés o ponto alto da crítica de Kristeva parece ser atingido com a introdução da noção de "paragrama", se apóia na premissa de que "O texto poético só é legível numa abertura para a infinidade: infinidade do código recriado por cada escritura e por cada leitura"[20]. Segundo Moisés a proposição de Kristeva indica que o paragrama opera num "espaço no qual a lógica o-I não funciona, mas onde ocorre uma reunião não-sintética (AQB), característica do enunciado poético, que pode manter o *sim* e o *não* em coexistência, que ao mesmo tempo remete e não remete a um referente, o qual, por sua vez, ao mesmo tempo existe e não existe". Citando textualmente Kristeva, continua a autora:

> A ciência paragramática deve levar em conta uma ambivalência: a linguagem poética é o diálogo de dois discursos. Um texto estranho entra na rede da escritura: esta o absorve segundo leis específicas que resta descobrir. Assim, no paragrama de um texto funcionam todos os textos do espaço lido pelo escritor." Seguindo a síntese da perspectiva kristeviana elaborada por Leyla Moisés, lemos que "O texto é uma rede de conexões não só com outra obras, mas também de conexões internas, é diálogo com outros textos e diálogo consigo mesmo[21].

Concordando com os corolários de Kristeva e criticando a sua tentativa de demonstração da presença de determinados paragramas

---
[20] Ibidem, p. 127.
[21] Ibidem, p. 128.

em Lautréamont, Moisés elogia ainda a crítica de Marcelin Pleynet, após discordar de sua negação total do referente, pelo fato de o autor

> encarar o texto como um conflito da escritura com a língua materna. A língua (história, cultura) representa a face materna, e a obra (escritura), uma violação edipiana. A língua é o sistema, e a escritura de Lautréamont, colocando em questão a língua, coloca em questão todo o sistema social. O próprio questionamento constitui uma infração (incesto), o qual representa um perigo para a ordem social (...) é nessa medida que Lautréamont entra naquele espaço dos limites, onde o nome do pai (o nome próprio, e também a distinção autor-leitor) sendo posto entre parênteses, a ausência de um nome próprio (a face materna) precipita a realidade daquilo que, não tendo nome, escreve-se nos nomes, e só vive na *escrição* (obscura e esclarecedora) dos nomes[22].

Veja-se, portanto, a que ponto de insolvência argumentativa e de contradição teórica se poderá chegar, inadvertidamente, ao pretender afastar definitivamente do galinheiro de aves gordas da crítica literária os gambás astutos e vorazes da investigação psicanalítica e da crítica biográfica com um único tiro.

Para afastar a intromissão inconveniente do que entende seja a crítica psicanaliticamente orientada, a autora não hesita, entretanto, como se pode observar, em servir-se dos próprios argumentos psicanalíticos, e, indo além disso, utiliza-se ainda deles para sugerir um caminho de reflexão que parece encontrar promissor nas obras de Kristeva e de Pleynet.

Nosso exame inicial das insuficiências e fragilidades das tentativas de exclusão radical da psicanálise do campo da crítica literária toma eventualmente de empréstimo o livro de Leyla Perrone Moisés, mas poderia estender-se a muitos outros ensaios, livros e autores, entre os quais não pouparíamos talvez as excelências de Mikhail Bakhthin

---

[22] Ibidem, p. 132.

e de Lucien Goldman, por exemplo. Entretanto, nosso propósito não é esse, e se optamos por introduzir o nosso estudo partindo dessa tentativa de desconstrução, não possuímos, porém, pretensões maiores do que a de limpar e aplainar o terreno da transdisciplinaridade para que uma nova proposta de crítica psicanalítica possa estar nele melhor inserida e fundamentada.

É preciso estar cegado por certo fervor escolástico para deixar de aperceber-se de que os grandes mestres do estruturalismo sofreram uma importante, senão decisiva, influência e estiveram em constante diálogo com a psicanálise, como haviam feito antes os expressionistas, os surrealistas, os modernistas, os neo-realistas e os existencialistas. Negar que o pensamento psicanalítico tenha representado um efetivo *turning-point* em toda e qualquer reflexão passível de ser desenvolvida no interior do campo das ciências humanas é bem mais ingenuidade obstinada do que rebeldia eventual.

Com a sua sutileza crítica habitual, Roberto Schwarz (1987) ironiza as formas de enunciação apocalíptica através das quais os diferentes modismos intelectuais costumam freqüentemente anunciar-se, seu comum rechaço de sistemas filosóficos ou de escolas de pensamento pretensamente obsoletas, sob fórmulas bombásticas como: "o marxismo já está ultrapassado", "a fenomenologia não nos serve mais", "a psicanálise influenciou em outra época" etc. Se estivermos minimamente atentos ao que pensaram, disseram e escreveram autores da envergadura de Roland Barthes, Gérard Genette, Paul Ricoeur, Michel Foucault, Jacques Lacan, Jacques Derrida, entre outros, cuja consistência e atualidade é, convenhamos, inconteste, poderemos facilmente constatar que a fenomenologia está na base de todas as suas contribuições à crítica literária, à psicanálise e à filosofia – referimo-nos à fenomenologia *lato sensu*, a de Hegel, de Kierkegaard, de Husserl, de Heidegger, de Sartre, de Merleau-Ponty.

Diferentemente de contrapor psicanálise, fenomenologia e estruturalismo, um autor como Genette (1966) utiliza sua inteligência privilegiada para realizar uma crítica salvadora do estruturalismo que o coloca em intima relação com o pensamento fenomenológico e psicanalítico contemporâneos. Segundo Genette "Nada obriga então o estruturalismo a confinar-se às analises 'de superfície'; ao contrário, aqui como alhures, o horizonte de suas operações situa-se na análise das significações"[23]. Tomando a obra de Jakobson como exemplo, ele destaca que o formalista não se limita a render uma homenagem à antiga retórica, mas que pretende inserir "as categorias do sentido no coração do método estrutural". Segundo Genette:

> Logo que se abandona o plano da lingüística (...) a fim de abordar o domínio tradicionalmente reservado à crítica: o do 'conteúdo', a legitimidade do ponto de vista estrutural levanta questões de princípio bastante graves.[24]

Ele critica, inicialmente, as pretensões estruturalistas de encontrar e estudar as estruturas onde quer que se localizem, porque "as estruturas estão longe de serem objetos encontráveis, são sistemas de relações latentes, inteligíveis mais que visíveis, que a análise constrói à medida que as extrai arriscando-se às vezes a inventá-las pensando descobri-las"[25], o que faz com que o método esteja sempre em risco de impor-se como "uma ideologia cujo *parti pris* está precisamente em valorizar as estruturas às custas das substâncias e que pode, pois, supervalorizar o valor explicativo delas". Segundo essa formulação, "toda análise que se fecha numa obra sem considerar-lhe as fontes ou os motivos seria então implicitamente estruturalista, e o método estrutural deveria intervir a fim de conferir a esse estudo imanente uma espécie de racionalidade de compreensão que substituiria a racionalidade de explicação abandonada com a procura das causas"[26]. No entanto, para Genette: "O estudo dos

---
[23] Genette, G. *Figuras*. São Paulo: Perspectiva, 1966, p. 150.
[24] Ibidem, p. 152.
[25] Genette. *loc. cit.*
[26] Ibidem, p. 153.

sistemas não exclui necessariamente o das origens e filiações: o programa mínimo do estruturalismo exige que o estudo dos sistemas preceda e *oriente* os outros." Segundo sugere o autor, a crítica imanente poderá adotar a respeito de uma obra literária duas atitudes bastante diversas, talvez opostas, segundo considere essa obra como um objeto ou como um sujeito. Ao associar-se a Georges Poulet, em sua distinção marcante entre essas duas atitudes, Genette confessa claramente a sua inclinação pela segunda; inclinação também presente no texto do autor por ele ali citado:

> Ao contrário do que se imagina, a crítica deve evitar visar um objeto qualquer (seja a pessoa do autor considerado como outrem, ou a obra considerada como coisa), pois o que deve ser atingido é um sujeito, isto é, uma atividade mental que não podemos entender a não ser colocando-nos em seu lugar e obrigando-a a fazer novamente em nós seu papel de sujeito.[27]

Segundo Genette, a crítica intersubjetiva sugerida por Poulet está intimamente afinada com o tipo de interpretação proposta por Ricoeur e formulada inicialmente por Dilthey, a *hermenêutica*, segundo a qual "o sentido de uma obra não é apreendido por meio de uma série de operações intelectuais, ele é revivido, 'retomado' como uma mensagem ao mesmo tempo antiga e sempre renovada. Inversamente, é evidente que a crítica estrutural tem a ver com esse objetivismo que Poulet condena, pois as estruturas não são *vividas* nem pela consciência criadora nem pela consciência crítica"[28].

Com base nessa justaposição, Genette aventura-se a imaginar uma subdivisão hipotética do campo literário em dois domínios: "o da literatura 'viva', isto é, suscetível de ser vivida pela consciência crítica e que seria bom reservar para a crítica hermenêutica" e o de "uma literatura não propriamente 'morta', mas de alguma forma longínqua

---

[27] Ibidem, p. 154.
[28] Ibidem, p. 154.

e difícil de decifrar, cujo sentido perdido seria perceptível apenas pelas operações da inteligência estrutural". Não obstante infira que tal divisão poderia não ser absurda e até mesmo apresentar algumas vantagens, Genette conclui dizendo que

> a relação que une estruturalismo e hermenêutica poderia ser não de separação mecânica e de exclusão, mas de complementaridade: em relação a uma mesma obra, a crítica hermenêutica falaria a linguagem da retomada do sentido e da recriação interior, e a crítica estrutural a da palavra distante e da reconstrução inteligível. Elas extrairiam assim significações complementares e o diálogo entre elas seria mais fecundo, apenas não se poderia nunca falar essas duas linguagens ao mesmo tempo[29].

Na obra de Roland Barthes observaremos esboçar-se com progressiva nitidez uma verdadeira trajetória de ida e volta da fenomenologia ao estruturalismo. Barthes é lançado no estrelato literário por seu livro *O Grau Zero da Escrita* (1953), em que apresenta de forma finamente elaborada as idéias que constituiriam o núcleo de sua obra e que estavam em gestação há aproximadamente vinte anos, tendo como fulcro seus ensaios sobre a obra de Albert Camus, a quem considerava ser o escritor que atingira o máximo da impessoalidade na narrativa, a fala transparente, a escrita branca. Para Barthes, como para Blanchot, a escrita atingiria seu ponto de saturação e seu propósito maior no desaparecimento (*fading, vanishment*). Desaparecimento do autor, silenciamento de sua voz. Como, entretanto, a escrita precisa continuar a existir para dizer de

---

[29] Ibidem, p. 155. Ao defender uma tese em parte semelhante a esta, Andréa Bonomi, em seu livro *Fenomenologia e Estruturalismo* (2001), irá apresentar o método fenomenológico, dando especial atenção ao pensamento de Merleau-Ponty, como uma análise das estruturas, insistindo principalmente em enfatizar a configuração diacrítica da intersubjetividade. Da mesma forma, Jacques Derrida, num capítulo de *A Escritura e a Diferença* (1967), dedicado ao problema da gênese *versus* estrutura na fenomenologia, demonstrou como Husserl consegue conciliar, em seu pensamento, a abordagem descritiva e compreensiva de uma totalidade com a investigação sobre sua origem e seu fundamento.

si, argumentar em defesa de seu estatuto ontológico, Barthes irá propor que ela se opacifique, se neutralize até limites em que já não seja mais que "a Literatura levada às portas da Terra prometida. Isto é, às portas de um mundo sem Literatura, mas de que seriam os escritores a dar testemunho"[30].

O furor estruturalista que conduziu à "anonimação" do texto literário e às análises imanentes do discurso pretende fundamentar-se nessas formulações que, se tendem nesse momento da obra ao mais inusitado nominalismo, procuram sempre seus protótipos na figura de autores reais. Assim, Barthes irá citar Camus ou Céline como os mais acabados exemplos de escrita amodal; Blanchot nomeará Ponge, Malarmé ou Kafka como os representantes autênticos do *vanishment* da escrita, e Camus apontará Melville ou Dostoievski como os mais absurdos romancistas que o mundo viu.

Se a psicanálise não aparece explicitamente instrumentalizada no Barthes de *O Grau Zero da Escrita* (1953), e mesmo no de *Mitologias* (1957), em *Sobre Racine* (1963), *Crítica e Verdade* (1966), e *O Prazer do Texto* (1973), porém, nós encontraremos não somente o elogio reiterado da crítica psicanalítica, mas uma sutil utilização do instrumento que se fará sentir cada vez mais, e com marcante retomada do vértice fenomenológico, em suas obras posteriores, como *S/Z* (1970), *Roland Barthes por Roland Barthes* (1975), *Fragmentos de Um Discurso Amoroso* (1977) e *A Câmara Clara* (1980).

No *Racine*, Barthes esclarece de início que, embora sua linguagem possa soar um pouco psicanalítica, o tratamento que ele dará ao texto não o será em absoluto,

> de direito, porque já existe uma excelente psicanálise de Racine, que é a de Charles Mauron, a quem muito devo; de fato, porque a análise que é aqui apresentada não concerne de perto a Racine, mas tão somente ao herói raciniano: ela evita inferir da obra ao autor e do autor à obra[31].

---

[30] Barthes, *op. cit.* p. 63.
[31] Barthes. *op. cit.,* p. 3.

Em seguida acrescenta, no entanto, deixando clara sua despretensão de tornar sua leitura independente da perspectiva psicanalítica:

> O que tentei reconstituir foi uma espécie de antropologia raciniana, ao mesmo tempo estrutural e analítica: estrutural no fundo, uma vez que a tragédia é aqui tratada como um sistema de unidades (as 'figuras') e de funções; analítica na forma, pois só uma linguagem destinada a recolher o medo do mundo, como a da psicanálise, creio eu, pareceu-me adequada para ir ao encontro de um homem enclausurado.[32]

Em *Crítica e Verdade* ele investe frontalmente contra as críticas da antiga crítica à psicanálise:

> Se se condena a psicanálise não é porque ela pense, mas porque ela fala (...) eis que ela estende o seu discurso ao ser sagrado por excelência (que se desejaria encarnar), o escritor. (...) Na verdade, a imagem que a antiga crítica tem da psicanálise está inacreditavelmente ultrapassada, assentando numa classificação arcaica do corpo humano.[33]

E denunciando, de outra forma, a ignorância e a desatualização dos críticos a respeito das possibilidades de abordagem transdisciplinar e de leitura intertextual que a psicanálise contemporânea enriquecedoramente aporta ao campo da crítica literária, escreve Barthes:

> Impor-se-ia, uma vez mais, explicar à antiga crítica que a psicanálise não reduz o seu objeto ao "inconsciente", que, por conseqüência, a crítica psicanalítica (discutível por muitas outras razões, algumas delas psicanalíticas) não pode pelo menos ser acusada de criar, da literatura, uma "concepção perigosamente passivista" uma vez que,

---
[32] Ibidem, p. 4.
[33] Barthes, *op. cit.*, p. 25.

pelo contrário, o autor é para ela o sujeito de um trabalho (palavra que pertence à língua psicanalítica, não o esqueçamos); que, por outro lado, seria uma petição de princípio atribuir um valor superior ao "pensamento consciente" e postular como óbvio o pouco preço do "imediato e do elementar".[34]

Apontando, por fim, a importância de autores como Lacan, para a crítica literária contemporânea, Barthes afirma ainda que

> o homem psicanalítico não é geometricamente divisível e que, segundo a idéia de Jacques Lacan, a sua topologia não é a do *interior* e do *exterior*, menos ainda do *alto* e do *baixo*, mas antes a de um *anverso* e um *reverso* móveis, de que a linguagem não cessa, precisamente, de alternar os papéis e de rodar as superfícies em torno de algo que, para acabar e para começar, não é [35].

O Prazer do Texto assinala o ponto de reencontro de Barthes com o pensamento que o formou, a fenomenologia, evidenciando já os primeiros sinais do que se viria a denominar mais tarde de *síntese pós-estrutural* ou *pós-estruturalismo* (Merquior, 1991). Sua busca pelo prazer, pela fruição na relação autor/leitor, marca a redescoberta de um conteúdo deleitante que no pensamento estruturalista se havia perdido frente à excessiva ênfase na configuração formal. *O significante abolira a vivência*. Agora Barthes dirá, no entanto:

> Se leio com prazer esta frase, esta história ou palavra, é porque todas foram escritas no prazer (este prazer não entra em contradição com os lamentos do escritor). Mas, e o contrário? O escrever no prazer garantir-me-á – a mim, escritor – o prazer do meu leitor? De modo nenhum. Esse leitor, é necessário que eu o procure (que eu o "engate") sem saber onde ele está. Cria-se então um espaço da fruição. Não é

---

[34] Barthes, 1966, p. 27.
[35] Barthes, *op. cit.,* p. 27.

a "pessoa" do outro que me é necessária, é o espaço: a possibilidade de uma dialética do desejo, de uma imprevisão do fruir: que os dados não estejam lançados, que exista um jogo.[36]

Nesse livro evidencia-se já a influência da leitura de Winnicott sobre a obra de Barthes. Ele parece haver descoberto o autor inglês no início dos anos setenta, possivelmente por ocasião de sua morte ou em decorrência das freqüentes referências elogiosas de Jacques Lacan à obra de seu amigo e interlocutor britânico. Barthes reaproximava-se da fenomenologia, talvez sem disso aperceber-se, através da psicanálise. A publicação do clássico ensaio sobre os objetos e fenômenos transicionais, de Winnicott, em *La Psychanalyse* – revista editada por Lacan – em 1960, colocou a intelectualidade francesa em contato com o autor inglês que mais do que qualquer outro viria a influenciar definitivamente o desenvolvimento das idéias psicanalíticas na França[37].

Embora Winnicott não esteja explicitamente referido em *O Prazer do Texto*, ele aparecerá nos dois próximos livros como uma das fontes psicanalíticas de Barthes, o que é de alguma forma antecipado na passagem antes citada, onde a noção de *espaço transicional*[38] parece estar já sugerida. Para Winnicott o espaço que na vida adulta será ocupado pela experiência cultural tem sua origem no contato inicial com o corpo da mãe, nos primeiros registros vivenciais da sua sensualidade, cuja presença viva, morna e rítmica o bebê procura reproduzir nas manipulações auto-eróticas do próprio corpo, na sucção do polegar, no auto-acariciamento, nos balbucios que presentificam a voz materna, nos objetos macios que a criança manipula – ainda no berço – e que representam fragmentos do corpo

---

[36] Barthes, 1973, p. 37.
[37] Cournut, J. (1998). La renovación del psicoanálisis francés. *International Psychoanalysis*, vol. 7, n°1.
[38] Winnicott, D. W. (1951). Transicional object and transicional phenomena. *Trough Paediatrics to Psycho-Analysis*. New York: Bruner/Mazel, 1992.

da mãe, tornando-a onipotente e ilusoriamente presente e viva a seu lado quando ela se ausenta, e posteriormente nos brinquedos propriamente ditos (convencionais), nas garatujas e desenhos que rabisca e que vão aos poucos sendo substituídos ou acompanhados das primeiras palavras, dos primeiros livros, escritos, poemas, redações escolares, e finalmente do fascínio musical, teatral, cinematográfico etc.

É nesse lugar que a criança concebe, usa e destrói[39] os seus objetos, e dessa forma apropria-se imaginariamente deles, do mundo, do outro, e de um saber pretendido sobre estes e sobre si. Essa noção do "entredois", onde o mundo é constantemente criado, destruído e reconstruído, mais uma vez por cada nova criança, receberá de Winnicott em diferentes momentos as denominações de *espaço transicional*, *espaço potencial*, *espaço da ilusão*, *terceira zona da experiência*, *terceira zona da vida*, e, por fim, a de *espaço cultural*. Destruição e criação, para Winnicott constituem um único ato e implicam conhecimento, expansão progressiva do *self* no mundo, e um saber em devir sobre as coisas da vida, um domínio progressivo do caos primordial através de uma síntese constitutiva universal (Husserl), um ordenamento imaginário e simbólico do real (Lacan). Num ensaio recentemente publicado na *Revista Brasileira de Psicanálise* ocupei-me com um estudo comparativo das noções de *espaço transicional*, de Winnicott, *campo fenomenal*, de Merleau-Ponty e *campo do significante*, de Lacan[40]. Tais conceitos estão, como quase toda a filosofia e a psicanálise contemporâneas, apoiados nas idéias desenvolvidas pelo último Husserl (1934) sobre a subjetividade transcendental e a intersubjetividade, com a conceituação do *urwelt*, mundo primordial, do *lebenswelt*, mundo da vida, e do *leibkörper*, corpo vivo.

---

[39] Ver Winnicott, D. W. (1968). The use of an object and the relation through identifications. *Playing and Reality*. Tavistock, London, 1971, e também Graña, R. B. (1998). Relação, Destruição e Uso de objeto: *egoidade* e *alteridade* numa perspectiva epistêmica winnicottiana. *Revista Brasileira de Psicanálise*, vol. 8, n° 2.

[40] Graña, R. B. (2002). Donald W. Winnicott e Maurice Merleau-Ponty: pensando a psicanálise sob o signo da fenomenologia. *Revista Brasileira de Psicanálise*, vol. 36, n° 4.

É em *O Prazer do Texto*, portanto, conforme dito antes, que Barthes reencontra-se com as suas origens fenomenológicas, já sob a influência da obra de Winnicott. Encontramos nesse livro que:

> Como diz a teoria do texto: a língua é redistribuída, mas essa distribuição se faz sempre por rupturas (...) Nem a cultura nem a sua destruição são eróticas; a fenda entre ambas é que se torna erótica. O prazer do texto é semelhante a esse instante insustentável, impossível, puramente romanesco, que o libertino aprecia no fim de uma maquinação ousada, ao fazer cortar a corda que o suspende no momento em que atinge a fruição (gozo).[41]

O corpo é, novamente, em Barthes, mais que palavra, mais que metáfora, mais que significante, um corpo plasmado em carne palpitante, um corpo vivo (*leibkörper*) husserliano, um corpo erógeno tal como a psicanálise o redescreveu: "O lugar mais erótico de um corpo não é o ponto em que o vestuário se entreabre? (...) é a intermitência, como muito bem o disse a psicanálise, que é erótica."[42] O texto é tecido corporal: "O texto tem uma forma humana: é uma figura, um anagrama do corpo? Sim, mas do nosso corpo erótico. O prazer do texto seria irredutível ao seu funcionamento gramatical (feno-textual). Tal como o prazer do corpo é irredutível à necessidade fisiológica.[43]" É nessa perspectiva onde dirá Barthes que "O escritor é alguém que brinca com o corpo da mãe (...) para o glorificar, para o embelezar, ou para o desmembrar, para o levar até o limite daquilo que, do corpo, pode ser reconhecido". O livro conclui-se com o apelo eloqüente por "um texto onde se possa ouvir o grão da garganta, a pátina das consoantes, a voluptuosidade das vogais, toda uma estereofonia da carne profunda: a articulação do corpo, da língua, e não a do sentido, da *linguagem*".[44]

---

[41] Barthes, *op. cit*, p. 40.
[42] Ibidem, p. 44.
[43] Ibidem, p. 53.
[44] Ibidem, p. 78.

Roland Barthes por Roland Barthes, Fragmentos de um Discurso Amoroso e *A Câmara Clara* estarão já amplamente pontuados pelas citações de Winnicott e de Lacan, sobretudo pela referência às noções de *fear of breakdown* e *fading of the subject*, as quais parecem ter impressionado particularmente o autor. Em seu ensaio autobiográfico ele introduzirá o conceito de *palavra transicional*, uma "palavra carnal", palavras que produzem um estremecimento físico e que

> são análogas a essas pontas de travesseiro, a esses cantos de lençol que a criança chupa com obstinação. Como para a criança, essas palavras queridas fazem parte da área de jogo; e como os objetos transicionais, elas têm um estatuto incerto; é no fundo uma espécie de ausência do objeto, do sentido, que elas colocam em cena[45].

O último livro é apresentado por Barthes como uma fenomenologia da fotografia, e será talvez o mais triste dos livros escritos pelo grande pensador francês sob efeito de um luto pela mãe, há pouco falecida, que se revelaria psiquicamente improcessável e que viria por fim a matá-lo, por efeito da consumição imaginária e do retraimento introspectivo, em circunstâncias totalmente banais e de outro modo injustificáveis.

Na mesma época os escritos de Merleau-Ponty, Maurice Blanchot, Jean-Paul Sartre e Mikhail Bakhtin revelariam a mesma influência da fenomenologia e da psicanálise na crítica literária. Em Merleau-Ponty e Blanchot, de forma explícita e reconhecida, em Bakhtin e Sartre de forma implícita e sob efeito da renegação, insistindo os dois últimos autores em criticar a ortodoxia freudiana sem aparentemente se aperceberem que operavam continuamente com categorias psicanalíticas que, se não remetiam diretamente à letra freudiana, estavam tematizadas por seus dois maiores seguidores/desconstrutores: Winnicott e Lacan.

---

[45] Barthes, *op. cit.*, p. 147.

A crítica mais feroz e obtusamente formulada por Bakhtin à psicanálise poderá ser encontrada em *O Freudismo* (1927), e a adoção implícita da noção de *transicionalidade* winnicottiana ou de *intersubjetividade* husserliana (o inter-humano, ou o com-texto, como o autor dirá) pode ser claramente observada em *Estética da Criação Verbal* (1979). Por seu turno, Sartre investirá pesado contra a psicanálise freudiana em *O Ser e o Nada* (1943) – elogiando recorrente, e também obtusamente, a obra de Wilhelm Stekel, autor que na história do movimento psicanalítico não chegou a ser reconhecido mais que como plagiário eventual e mitômano contumaz – insistindo no elemento doutrinário desta e na sua inadmissível recorrência a explicações de comportamentos pelas motivações inconscientes, no que via uma forma de saída pela "má-fé". Sartre chegará mesmo a dizer que a própria conceituação do inconsciente envolve um problema de má-fé. Curiosamente, nesse mesmo livro ele dedicará um capítulo à defesa de um método de investigação a que propôs chamar de "psicanálise existencial", que deveria evitar a antecipação doutrinária do sentido (principal crítica que dirigia a Freud) e buscaria favorecer a emergência dos significados no analisando[46], permitindo-lhe assim forjar a própria essência e instituir um projeto existencial, no que pouco se distingue *mutatis mutandis* das formulações e redescrições do método e do objetivo da análise que encontramos contemporaneamente nas obras de Winnicott e Lacan.

Maurice Merleau-Ponty foi o mais jovem, e talvez o mais jovial, dos grandes filhos intelectuais de Edmund Husserl. Sua obra expressa enorme vigor e curiosidade por tudo aquilo que pulsa, cintila e se move. Seus escritos partem de alguns estudos acadêmicos iniciais sobre o comportamento[47] e a percepção[48] e ampliam progressivamente o

---

[46] Em *Saint Genet: comédien et martir* (1952) ele fará uma ilustração da aplicação do método da psicanálise existencial por meio de um estudo denso no qual coteja a biografia do autor com sua obra.

[47] Merleau-Ponty, M. (1942). *La estructura del comportamiento*. Buenos Aires: Biblioteca Hachette de Filosofia, 1957.

[48] Merleau-Ponty, M. (1945). *Fenomenologia da Percepção*. Rio de Janeiro: Freitas Bastos, 1971.

círculo de investigação até incluírem as artes plásticas, a psicanálise, a antropologia, a lingüística, a sociologia, a literatura e a crítica literária.

O sujeito merleau-pontyano anuncia-se, imediatamente, no frêmito da sua encarnação. A "carne é a substância do mundo", dirá o filósofo, "é a polpa das coisas". Na carne do mundo aparecemos aos outros e eles a nós, portanto, "nossos olhares não são atos de consciência de que cada qual reivindicaria uma indeclinável prioridade, e sim abertura de nossa carne, imediatamente preenchida pela carne universal do mundo"[49].

Havendo sido recentemente referido por J-B.Pontalis (2002) como o grande articulador da literatura com a psicanálise, é principalmente em *Sentido e sem-sentido* (1948), em *Signos* (1960) e em *A prosa do mundo* (1969), três notáveis reuniões de ensaios sobre conhecimento e cultura (a última postumamente publicada), onde Merleau-Ponty irá discutir detidamente a utilidade da interpretação psicanalítica para a obra de arte pictórica e literária.

Em "A dúvida de Cézanne", ensaio incluído no primeiro dos três livros, nós o veremos rebater as críticas ao uso do instrumento psicanalítico na interpretação da cultura argumentando que:

> (...) as inferências do psicanalista, se não podem nunca ser comprovadas, tampouco podem ser eliminadas: Como imputar ao acaso as complexas relações que a psicanálise descobre entre a criança e o adulto? Como negar que a psicanálise nos ensinou a aperceber, ao longo de uma vida, certos ecos e alusões, interrupções e retomadas, um encadeamento que não ousaríamos por em dúvida se Freud houvesse construído sobre ela uma teoria correta? A psicanálise não está feita para dar-nos, como as ciências da natureza, relações necessárias de causa e efeito, mas para indicar-nos certas relações de motivação que, por princípio, são simplesmente possíveis.[50]

---

[49] Merleau-Ponty, M. (1960). *Signos*. São Paulo: Martins Fontes, 1991, p. 16.
[50] Merleau-Ponty, 1948, p. 54

Concedendo especial atenção à pregnância das vivências do passado e questionando frontalmente a noção sartreana de liberdade absoluta, afirma Merleau-Ponty, sendo a sua formulação em tudo coincidente com a perspectiva crítica que temos aqui por tarefa e propósito apresentar:

> Se o objetivo da psicanálise é descrever esse intercâmbio entre o porvir e o passado e mostrar como cada vida sonha tomando por base alguns enigmas cujo sentido final não está escrito de antemão em lugar algum, então não temos porque exigir-lhe rigor cientifico. O devaneio hermenêutico do psicanalista, que multiplica as nossas comunicações conosco mesmos, toma a sexualidade como símbolo da existência e a existência como símbolo da sexualidade, busca o sentido do porvir no passado e o sentido do passado no porvir, e está, mais do que uma indução rigorosa, adaptado ao movimento circular de nossa vida, que apóia seu porvir em seu passado, seu passado em seu porvir, e onde tudo simboliza tudo. A psicanálise não faz impossível a liberdade, nos ensina a concebê-la concretamente, como uma criativa retomada de nós mesmos, sempre fiel, ao fim e ao cabo, a nós mesmos. É também verdade, portanto, que a vida de um autor não nos ensina nada, e que se sabemos ler nela, nela encontraremos tudo, já que ela está aberta sobre a obra.[51]

Em "A linguagem indireta e as vozes do silêncio", publicado em *Signos*, ele voltará a questionar as manifestações de antipatia ou mesmo a aversão franca manifestada por certos autores com relação à possibilidade de interpretação psicanalítica da obra de arte. Referindo-se especialmente à crítica de André Malraux sobre a abordagem psicanalítica da pintura, escreve:

> Compreende-se que Malraux não goste das explicações psicanalíticas em pintura. Mesmo que o manto de Sant'Ana seja um abutre, mesmo

---
[51] Merleau-Ponty, 1948, p. 55.

que admitamos que enquanto Da Vinci o pintava como manto, um segundo Da Vinci dentro de Da Vinci, de cabeça inclinada, decifrava-o como um abutre à moda de um leitor de charadas (...) – ninguém falaria mais desse abutre se o quadro não tivesse um outro sentido. A explicação só leva em conta detalhes, quando muito materiais. Mesmo admitindo-se que o pintor gosta de manejar as cores, o escultor a argila, porque é um "anal" – isso nem sempre nos explica o que é pintar ou esculpir. Mas a atitude totalmente oposta, a devoção aos artistas que nos impede de saber o que quer que seja de suas vidas e coloca suas obras como um milagre fora da história privada ou pública e fora do mundo, também mascara a verdadeira grandeza deles.[52]

Veja-se então que o que Merleau-Ponty busca enfaticamente aqui criticar é a pretensão ingênua de certa tendência do pensamento estruturalista ao postular um estatuto acéfalo do texto ou do significante, o que implicará uma "eterização" do sujeito e do outro, conduzindo assim a uma análise imanente do texto literário a qual traz consigo o risco, sempre presente em tal atitude, de se retornar inadvertidamente ao modelo empirista, convertendo desta vez o nome – e não mais a coisa – num objeto de estudo cuja materialidade sensível, submetida a exame, decretaria o fim das imprecisões conjeturais que a exigência de rigor científico pretenderia sustentar – risco que parece afetar o vértice estruturalista de uma maneira geral.

Insistindo em aproximar intertextualmente estruturalismo, fenomenologia e psicanálise, à semelhança de Paul Ricoeur (1969), Julia Kristeva (1996) irá propor que Barthes situava-se entre Blanchot e Sartre, autores "aos quais ele deve muito e que puseram a experiência da escritura no centro de suas preocupações"[53]. Para Kristeva, os escritos de Blanchot que antecederam a publicação de *O espaço literário* (1955) alimentaram intelectualmente Roland

---
[52] Merleau-Ponty, 1960, p. 66
[53] Kristeva, *op. cit.*, p. 313.

Barthes, sobretudo no que se refere ao problema da negatividade na escrita, e a idéia de uma escrita-*praxis* estaria relacionada com a proposição de Sartre de uma ação efetiva sobre a realidade. "Apesar de reservado quanto à ênfase e a densidade filosófica sartreana -- escreve Kristeva – Barthes demonstrava uma grande estima pelo pensamento de Sartre, e isto não apenas com o intuito de se destacar dele."[54] Mas, fundamentalmente, o que atesta permanentemente as raízes fenomenológicas do pensamento bartheano é a alusão recorrente ao corpo a partir da escrita, como ocorre em Merleau-Ponty a partir da percepção, e tal como esteve também no centro da preocupação de Husserl ao formular suas hipóteses sobre o *lebenswelt,* esse lugar onde a vida originalmente e efetivamente acontece. O corpo, não somente como linguagem ou palavra, mas como carne e polpa da erogeneidade, foi, afirma ainda Julia Kristeva, "o segredo que obcecou Barthes". Em 1975 ele dirá, em seu estudo autobiográfico, que a palavra corpo havia emergido em sua obra como uma "palavra-maná", aquela para a qual convergem todas suas reflexões, o significante que abriga todos os significados.

Vejamos agora de que forma a fenomenologia, de um lado, e a psicanálise, de outro, instruíram também o pensamento desse outro grande autor no campo da escrita filosófica e literária, Maurice Blanchot, que por sua vez influenciou importantemente toda uma geração que o sucedeu. Embora a obra de Blanchot esteja do início ao fim dedicada ao desaparecimento do sujeito da escrita, este parece ser ali proposto menos em termos de corte que de consumição. O autor anseia por desfazer-se no próprio ato da criação. Ele é, porém, a sua obra, ele a propulsiona com a sua vida, com a sua morte, ele a realiza com o seu sacrifício, e nela deverá pulverizar-se, disseminar-se, perder-se, para que ela se efetive plenamente por si, como propõe em *O Livro Por Vir:*

---

[54] Ibidem, p. 317.

O poeta desaparece sob a pressão da obra, pelo mesmo movimento que faz desaparecer a realidade natural. Mais exatamente: não basta dizer que as coisas se dissipam e que o poeta se apaga, é necessário dizer também que umas e outro, ao mesmo tempo em que se submetem à indecisão de uma verdadeira destruição, se afirmam nesse desaparecimento e no devir desse desaparecimento – um vibratório, o outro elocutório. A natureza transpôs-se através da palavra para um movimento rítmico que a faz desaparecer, incessantemente e indefinidamente; e o poeta, pelo fato de falar poeticamente, desaparece nessa palavra e torna-se ele próprio o desaparecimento que se cumpre na palavra, ela só iniciadora e princípio: nascente. *Poesia, sagração.* A *omissão de si*, a *morte por fulano*, que está ligada à sagração poética faz, pois, da poesia um verdadeiro sacrifício, mas não para dar azo a confusas exaltações mágicas – por uma razão quase técnica: é que aquele que fala poeticamente submete-se a essa espécie de morte que opera necessariamente na palavra verdadeira.[55]

Ele havia já esclarecido anteriormente, em *O Espaço Literário,* o sentido que atribui a essa relação estreita entre a escrita e a morte e que poderá à primeira vista soar estranha ao leitor, na medida em que o ato criativo prima antes de tudo pela plena realização do sujeito na vida, pela orientação ao ser:

> As palavras, como sabemos, têm o poder de fazer desaparecer as coisas, de as fazer aparecer enquanto desaparecidas; aparência que nada mais é senão a de um desaparecimento, presença que, por sua vez, retorna à ausência pelo movimento de erosão e de usura que é a alma e a vida das palavras, que extrai delas luz pelo fato de que se extinguem, a claridade através da escuridão. Mas, tendo esse poder de fazer as coisas "erguerem-se" no seio de sua ausência, senhoras dessa ausência, as palavras também têm o poder de se dissiparem a

---

[55] Blanchot, 1959, p. 240.

si mesmas, de se tornarem maravilhosamente ausentes no seio de tudo o que realizam, de tudo o que proclamam anulando-se, do que eternamente executam destruindo-se, ato de autodestruição sem fim, em tudo semelhante ao tão estranho evento do suicídio. [56]

Sua matriz husserliana está categorialmente manifesta na distinção proposta entre a *fala em estado puro*, a qual relaciona-se com a realidade das coisas, e a *fala essencial*, que se distanciando delas faz com que desapareçam, sendo sempre alusiva e nominal (remetendo, portanto, ao *natural* e ao *eidético* de Husserl), e também no que denomina de *interiorização* e que define como uma "conversão ao interior", que é renúncia do homem à atividade realizadora e representativa, ao valor de uso dos objetos, para penetrar em sua verdade mais profunda (a *redução fenomenológica* de Husserl), mas é, sobretudo, a atenção à relação do artista com o corpo da mãe, com o fascínio da sua imagem, que permite a aproximação do seu pensamento com o de Merleau-Ponty e o de Barthes, e, principalmente, para nossos fins, com o de Winnicott e o de Lacan – talvez com a própria perspectiva epistêmica da psicanálise contemporânea, prioritariamente orientada para a investigação das origens.

Em "A solidão essencial", primeiro capítulo do importante livro que publicou em 1955, encontramos uma reflexão sobre o estar só e o Outro que o põe tacitamente em diálogo com a noções de "terceiro campo" (intersubjetivo, transicional, fenomenal) e que inicia com uma proposição em muito aproximada do pensamento de Winnicott sobre a "capacidade de estar só"[57]. A aprendizagem do estar só, com a conseqüente possibilidade de realizar ações que têm por exigência o estado de solidão – criar, escrever, ler etc. – dá-se quando se tem em etapas iniciais da vida a experiência de

---
[56] Blanchot, 1955, p. 37.
[57] Winnicott, D. W. (1958a). The capacity to be alone. in: *The Maturational Processes and the Facilitating Enviroment*. Madison/Connecticut, IUP, 1996.

estar só na presença de alguém. O estado de recolhimento em que uma criança se encontra quando brinca com seus bonecos ou carrinhos, quando fantasia certas cenas e situações, ou quando explora o ambiente que a circunda para conhecê-lo, podendo contar para isso com a presença discreta, silenciosa e não-intrusiva de um "outro" que se encontra igualmente só estando junto com ela, permite à criança a internalização da imagem/presença do objeto, que sob tais condições não é mais do que um "ambiente" ou um "alguém". A esta relação Winnicott denomina "relação com o ego" (com o eu da mãe, a partir do qual irá constituir-se o eu da criança) e entende que essa sustentação silenciosa do ser no tempo constitui a "matriz da transferência" na relação analítica. Relação com o Outro, dirá Lacan[58], presunção que sustenta o discurso do analisando, lugar para onde a sua fala se dirige, para onde a escrita errante e imprecisamente aponta[59]. Maurice Blanchot irá, por seu turno, designar este terceiro termo como "Alguém" ou como o "coletivo impessoal":

> Quando estou só, eu não estou só, mas, nesse presente, já volto a mim sob a forma de Alguém. Alguém está aí onde eu estou só. O fato de estar só, é que eu pertenço a esse tempo morto que não é o meu tempo, nem o teu, nem o tempo comum, mas o tempo de Alguém. Alguém é o que está ainda presente quando não há ninguém. Aí onde estou só, não estou aí, não existe ninguém, mas o impessoal está: o lado de fora, como aquilo que antecipa e precede, dissolve toda a possibilidade de relação pessoal. Alguém é o Ele sem fisionomia, o coletivo impessoal de que se faz parte, mas quem faz parte dele? Nunca tal ou tal indivíduo, nunca tu e eu. Nenhuma pessoa

---

[58] Lacan, J. (1954-1955). *O Seminário 2 – O eu na teoria de Freud e na técnica psicanalítica*. Rio de Janeiro: Jorge Zahar, 1985.

[59] Numa entrevista concedida em 2002 ao *Jornal de Psicanálise* da SBPSP, vol. 35, n° 64/65, J-B. Pontalis compara o espaço da escrita com o da transferência, propondo que o exercício desse diálogo imaginário com o desconhecido que os habita é o que move, tanto o escritor como o analisando, em sua busca tateante de uma verdade essencial, do enigmático no centro de si.

participa do coletivo impessoal, que é uma região impossível de trazer para a luz (...) O coletivo impessoal é, sob essa perspectiva, o que aparece mais de perto quando se morre.[60]

É, porém, neste lugar onde ninguém está, mas onde sempre absolutamente habita Alguém, a Verdade, a Morte, que deverei advir. É como reação a esta imagem total que eu me precipito na busca e me deixo absorver na fascinação. "Quem quer que esteja fascinado – diz Blanchot – pode-se dizer dele que não enxerga nenhum objeto real, nenhuma figura real, pois o que vê não pertence ao mundo da realidade, mas ao meio indeterminado da fascinação. Meio por assim dizer absoluto."[61] Esse meio, onde reluz toda a negatividade, possui também uma representação abismal, em que o fascinado afunda-se irrefreavelmente tragado por uma atração irresistível e por um vazio apavorante. Ali se localizam todas as possibilidades de reencontro, de recaída no encanto da figura materna, de recaptura pelas imagens constitutivas do sujeito, de recuperação vivencial daquela matéria-prima desde qual a escrita se processará:

> Que a nossa infância nos fascine, isso acontece porque a infância é o momento da fascinação, ela própria está fascinada, e essa idade de ouro parece banhada numa luz esplendida porque irrevelada, mas é que esta é estranha à revelação, nada existe para revelar, reflexo puro, raio que ainda não é mais do que brilho de uma imagem. Talvez a potência da figura materna empreste o seu fulgor à própria potência da fascinação, e poder-se-ia dizer que se a Mãe exerce esse atrativo fascinante é porque, aparecendo quando a criança vive inteiramente sob o olhar da fascinação, ela concentra naquela todos os poderes de encantamento. (...) A fascinação está vinculada, de maneira fundamental, à presença neutra, impessoal, do Alguém indeterminado e imenso, sem rosto. É a relação que o olhar mantém, relação

---
[60] Blanchot, 1955, p. 21.
[61] Blanchot, 1955, p. 23.

intrinsecamente neutra e impessoal, com a profundidade sem olhar e sem contorno, a ausência que se vê porque ofuscante.[62]

Toda a escrita aparecerá então como uma realização do sujeito no terreno do impessoal, no campo do neutro, como uma ousada viagem ao país do Outro[63], descida aos infernos da linguagem e reencontro com o Morto – com isso(*ça*) que um dia em si(*soi*) morreu para que o eu(*moi*) pudesse existir, apenas tangenciando o ser. A apenas consumição da escrita tende, então, a um projeto não plenamente revelado à consciência do escritor:

> A literatura é essa experiência pela qual a consciência descobre o seu ser em sua impotência para perder consciência, no movimento em que, desaparecendo, arrancando-se à pontualidade de um eu, ela se reconstitui, além da consciência, numa espontaneidade impessoal.[64]

E porque, segundo Blanchot, "quando não existe nada, existe o ser"[65], o ato de arrostar o nada anuncia a plenitude do autor, ele cintila justamente ali onde a escrita sob fascínio legitima sua função:

> Escrever é entrar na afirmação da solidão onde o fascínio ameaça. É correr o risco da ausência de tempo, onde reina o eterno recomeço. É passar do Eu ao Ele, de modo que o que me acontece não acontece a ninguém, é anônimo pelo fato de que isso me diz respeito, repete-se numa disseminação infinita. Escrever é dispor a linguagem sob o fascínio e, por ela, em ela, permanecer em contato com o meio absoluto, onde a coisa se torna imagem, onde a imagem, de alusão a uma figura e, de forma desenhada sobre a ausência, torna-se a presença informe dessa ausência, a abertura opaca e vazia sobre o que é quando não há mais ninguém, quando ainda não há ninguém.[66]

---

[62] Blanchot, 1955, p. 24.
[63] Lecraire, S. (1991). *O país do Outro- o inconsciente*. Rio de Janeiro: Jorge Zahar, 1992.
[64] Blanchot, M. (1949). *A parte do fogo*. Rio de Janeiro: Rocco, 1997.
[65] Blanchot, *op. cit.*, p. 319.
[66] Blanchot, 1955, p. 24

Em *O passo (não) além* (1973), Blanchot se referirá a esse processo como uma operação silenciosa do neutro, a "desocupação do neutro", o "gota a gota do morrer"[67], o borramento do sujeito na escrita para que através da escrita *ele* reencontre o *ser*. É, portanto, na relação com o Outro, na sua condição de neutro, de morto, de ignoto, que se deverá propor perspectivicamente ao sujeito qualquer possibilidade de movimento para a cura, para a libertação[68]. Esta relação de estranheza, que Blanchot qualifica como "de terceiro tipo" (veja-se a referência anterior ao *espaço transicional* de Winnicott como uma terceira zona da experiência), tem por característica "designar uma dupla ausência infinita", pois, "este Outro que está em jogo na relação do terceiro tipo, não está mais num dos termos, ele não está num nem no outro, não sendo nada mais do que a própria relação, relação de um ao outro que exige a infinidade".[69] Por isso, intrinsecamente, por atender a tal condição de (im)possiblidade, o incessante movimento da escrita vincula-se intimamente ao "eterno tormento de morrer" e ao interminável trabalho terapêutico da psicanálise[70].

O estudo que estamos aqui introduzindo tem a pretensão e o propósito de indicar uma perspectiva que possamos *hoje* considerar apropriada para a abordagem crítica psicanalítica do texto literário. Com tal objetivo em mente, tomamos como objeto a obra de

---

[67] Blanchot. M. (1973). *El paso (no) más allá*. Paidos, Buenos Aires: 1994, p. 124.

[68] É importante aqui salientar, como me foi oportunamente sugerido pelos doutores Maria do Carmo Campos e Homero Vizeu Araújo, que o uso terapêutico a que a escrita/leitura poderá servir distingue-se essencialmente de qualquer eventual benefício curativo – do qual desconfiamos profundamente – que a assim chamada "literatura de auto-ajuda" poderá propiciar a quem busca alívio para o sofrimento pessoal. O contato com ou a produção do texto literário de qualidade, seja ele ficcional ou confessional, possibilita o êxtase estético e identificatório suficiente para que tanto quem o escreveu como quem o reescreveu (ao lê-lo) possa usá-lo por suas potencialidades enquanto *objeto transicional*, ou seja, autor ou leitor (co-autor) fazem dele um uso tão subjetivo e de tão notável especificidade que não poderá jamais ser oportunizado pelo bordão simplório e massificado, proposto como macete para a conquista da felicidade, que a péssima literatura de auto-ajuda se limita a produzir/oferecer ao autor/leitor *nif* que esse gênero sempre requer.

[69] Blanchot, *A Conversa Infinita* (2001). Rio de Janeiro: Escuta, 2001, p.129.

[70] Freud, S. (1937). *Analisis terminable e interminable*. Madrid: Obras Completas, Biblioteca Nueva.

Graciliano Ramos, um escritor dividido entre a narrativa de ficção e o relato autobiográfico – enquanto possibilidades de expressão máxima da sua intenção primordial de depoimento vívido a partir da experiência vivida – o que, enquanto característica pessoal, situa-o como um autor privilegiado e mesmo facilitador das articulações texto/vivência sem que nos precisemos aventurar em hipóteses arrojadas e inconsistentes, como não incomumente observamos em tais intentos acontecer. Tão pouco convincentes, em suas pretensões abarcativas e aprofundadoras das relações causais entre vida e obra de um autor, tem sido a maior parte das contribuições psicanalíticas à criação artística, que ocasionam não raramente a produção pseudocientífica de novas "ficções" de qualidade altamente duvidosa, como tem procedido a assim chamada "psicanálise aplicada" com a obra de arte em geral ao longo do último século – o que permite entender, em parte, reações como a de Leyla Moisés, embora não a justifiquem fundamentalmente.

Mesmo as eruditas incursões freudianas no terreno da cultura oscilam entre ensaios de inquestionável valor heurístico, como *O delírio e os sonhos na "Gradiva" de W. Jensen* (1907) ou *Observações psicanalíticas sobre um caso de paranóia autobiograficamente descrito – Caso Schreber* (1911) e escritos de consistência epistemológica e de qualidade científica bastante questionáveis, como *Uma recordação da infância de Leonardo da Vinci* (1910) e *Dostoievski e o parricídio* (1928), para nos mantermos apenas na esfera da expressão artística.

Nos dois primeiros Freud parece operar no *contexto da descoberta*, utilizando-se de duas instigantes narrativas, uma ficcional e a outra autobiográfica, para avançar decisivamente na investigação analítica dos estados psicóticos. O "Caso Schreber" toma como objeto do escrutínio psicanalítico as *Memórias de um doente dos nervos*, de Paul Daniel Schereber, magistrado alemão de invulgar dotação intelectual e particular talento literário, que teve a sua carreira interrompida prematuramente em conseqüência de episódios esquizofrênicos paranóides que o levaram a repetidas internações psiquiátricas, as quais tiveram como desfecho infeliz a cronificação do quadro clínico e a deterioração generalizada da personalidade do paciente. Em seu livro Schreber relata vívida e habilmente o processo através do qual o delírio paranóico se havia sistematizado em sua mente, atingindo um complexo desdobramento que, por utilizar-se em sua confecção da cultura diferenciada do enfermo, possui implicações religiosas e mitológicas que conduzem a uma formulação delirante extremamente bem-articulada, a qual tem como núcleo a idéia da transformação do corpo do enfermo num corpo de mulher com a finalidade de ser por Deus fecundado e dar à luz uma nova raça de homens, superiores, que viriam a elevar-nos de nossa miserável condição de pecadores comuns. Freud demonstra, em seu estudo, de que forma a intensificação da angústia de castração, ao apoiar-se na presença real de um pai severo e dominante, pode conduzir à pulverização da identidade sexual do menino que, diante da insustentável ousadia de opor-se a essa entidade imaginária aniquiladora, recai na passividade rendendo-se à absoluta condição fálica do Outro. Sendo a condição feminina inadmissível, por efeito da forte oposição moral do sujeito a isso em seu foro íntimo, esse conflito é projetado cosmicamente, vindo a expressar-se discursivamente numa dimensão mítico-religiosa-transcendental.

O ensaio sobre o livro de Jensen, que antecede no tempo o Caso Schreber, aparece não apenas como uma das primeiras intervenções relevantes de Freud sobre a origem das enigmáticas produções imaginárias com que nos deparamos nos delírios psicóticos, mas como uma proposição inicial acerca das possibilidades técnicas e estratégicas para a abordagem terapêutica de tais estados, nos quais toda e qualquer interlocução possível tem como condição a aceitação plena e incondicional, por parte do terapeuta, das premissas delirantes através das quais o paciente reinterpreta o mundo – a sua "neo-realidade" (McDougall, 1978). A novela de Jensen conta a História de um jovem arqueólogo que, ao enlouquecer, supõe estar ainda viva uma moça cuja figura – em que ele encontra algo de familiar – está estampada num medalhão que fora encontrado sob as ruínas de

Pompéia. Sem aperceber-se em nenhum momento, em seu estado psíquico alterado, que tal efeito é produto da evocação inconsciente de outra imagem, a de uma menina sobre quem recaíra seu amor infantil e que já adulta continuava a amá-lo, ele parte para Pompéia com a finalidade de encontrar lá a pessoa real que imagina encarnar o objeto do seu desejo. Ao saber de sua viagem, a jovem decide acompanhar seus passos à distancia, sem que ele o saiba. Conhecendo o conteúdo do delírio que o move até a cidade italiana, ela caracteriza-se com indumentária semelhante à da moça do medalhão e, como que por efeito da casualidade, apresenta-se oportunamente à visão do jovem. Percebendo o impacto desse encontro sobre o rapaz ela confirma, quando por ele inquirida, que é de fato a moça do alto relevo que fizera com que ele até ali se deslocasse. Admitida, dessa forma, no interior do delírio do seu amado, ela pode então ajudá-lo a abrir mão, gradualmente, das convicções delirantes que o movem, possibilitando o seu retorno à razão e a cura do seu episódio psicótico.

Se quiséssemos classificar os métodos utilizados por Freud nesses dois ensaios nos termos da crítica literária contemporânea, poderíamos dizer, forçando um pouco as precisões paradigmáticas, que no "Schreber" Freud faz *psicobiografia*, tal como nos foi proposta e demonstrada por Jean Delay (1956) em seu estudo sobre Gide, e que na "Gradiva" Freud faz *psicocrítica*, conforme a formulação desta metodologia que nos foi apresentada por Charles Mauron (1963).

Nos dois estudos citados posteriormente Freud parece situar-se em outra posição; diríamos que ele opera no *contexto da verificação*, ou seja, que está sobretudo preocupado em aplicar o instrumento psicanalítico para confirmar pressupostos e conceitos anteriormente estabelecidos, sem que ambos os ensaios constituam por si acréscimos importantes à teoria psicanalítica, inspirando, pelo contrário, críticas amiúde contundentes que apontam a ousadia especulativa e o preconceito moral como os principais pontos frágeis da teorização freudiana.[71]

---

[71] Para uma abordagem crítica detalhada dos problemas do estudo de Freud sobre Dostoievski, ver nossa conferência sobre o tema publicada no livro *Freud e suas leituras*. Porto Alegre: SBPPA, 2003.

Nossa intenção de estudo terá, portanto, como objetivo amplo a apresentação de uma proposta de crítica literária psicanalítica de fundamentos transdisciplinares, e como objetivo específico o exame – assim orientado – do problema das relações Sujeito-Outro na obra de Graciliano Ramos. Centraremos nossa investigação nos modos de operância do diálogo com uma alteridade impessoal que, emergindo do (como) inconsciente, conduz o escritor ao imperioso exercício da escrita, e nos efeitos de subjetivação que este ato será capaz de intrinsecamente produzir, levando ao exame das possíveis potencialidades "terapêuticas" das relações do autor com o texto, com os personagens e com o leitor suposto, com quem ao escrever ele pretende pôr-se em interlocução. Esse persistente esforço subjetivante evidencia-se em Graciliano no movimento tenso dos personagens, ficcionais ou autobiográficos, encerrados num contexto ornamental de máxima "aridez humana" em que se vêem constrangidos pelos insustentáveis e obstinados vínculos que estabelecem com o semelhante, buscando exaustivamente diferenciarem-se, ao modo de um caminhar em direção à autoconsciência, ansiando pela plena expressão simbólico/espiritual e pela universalização/reconhecimento (Hegel). A ambigüidade dessa *démarche* nos conduzirá, porém, a procurar sondá-los intimamente na sua errática e perseverante insistência em extrair dessa facticidade originária um "indivíduo", o qual, no entanto, parece ser sempre intangível, dividido, inconciliável, potencial.

Tal característica da narrativa gracialiânica transparece numa aguda afirmação de um de seus melhores críticos, Álvaro Lins, sendo enunciada ao modo de um paradoxo. Segundo Lins (1973), Graciliano Ramos representa "o estranho fenômeno de um romancista introspectivo, interiorista, analítico, sem que leve em conta no homem outra condição que não seja a materialística. Um romancista da alma humana, tendo uma concepção materialista dos homens e da vida". Ou seja, o elemento introspectivo que marca o esforço constitutivo e dá densidade psicológica ao personagem gracialiânico constrói-se a partir de um custoso ou mesmo impossível desprendimento do real, num esforço extremo em que o indivíduo busca o estabelecimento de uma identidade pessoal consistente[72], a qual se mostra, entretanto, sempre inerigível e fugaz.

O real ameaça o personagem, o narrador – eventualmente o autor – a cada passo, parecendo tencionar reabsorvê-lo, e o personagem se debate desesperadamente contra essa permanente possibilidade de *entificação*, como diria Heidegger (1927), o iminente risco de versão do ser na coisa. Este real "de tocaia", que encontramos em Graciliano Ramos, é mais propriamente o da impessoalidade, o da iminente dissolução subjetiva do eu no anonimato das coletividades pardas, o real que tributa com a coisificação o pecado da inércia e da mediocridade, doença da qual os personagens gracilianicos padecem de forma incurável, doença crônica, verdadeira *sickness unto death* kierkegaardiana que não encontra mais que a morte – própria ou alheia – como uma insatisfatória tentativa de solução.

Em nosso intento de análise pretenderíamos situar-nos nesse espaço/tempo fugidio que incidentalmente se cria e desfaz entre o sujeito e a coisa (Lacan), entre o em-si e o para-si (Hegel), entre o ser e o nada (Sartre) para desde esse lugar, quase impossível de habitar, incessantemente colapsado, mortiferamente anoxiado, possamos fazer falar a matéria desidratada que sustenta organicamente o personagem em seu infrutífero trabalho de consolidação de uma síntese identitária de um *self* individual.

O equívoco fundamental, porém, que determina o fracasso ou a inviabilidade ontológica do personagem – ficcional ou autobiográfico – de Graciliano Ramos, parece ser o que em psicanálise poder-se-ia caracterizar como uma intoxicação mortiferamente narcísica do eu[73], expressa na repetição compulsiva de procedimentos erráticos, na colocação do "princípio do prazer a serviço da pulsão de morte"[74], na cenificação de condutas sadomasoquistas

---

[72] Na acepção heideggeriana, o ser, o estar erguido sobre si mesmo, ereto e em pé (Heidegger, 1953).

[73] Freud, S. (1920). *Más allá del principio del place*r. Madrid: Obras Completas, Biblioteca Nueva, 1973.

[74] Carpeaux, O. M. Posfácio a *Angústia*. Rio de Janeiro: Record, 1975, p. 226.

de intensidade e feição diversa, o que em linguagem literária assinalaria uma qualidade do personagem que o caracteriza como egoísta, miserável, egocêntrico, arrogante ou tirânico. É exatamente aí que o paradoxo ressurge, ao constatarmos que esse "eu" que busca equivocadamente a sua excelência pela abolição dos seus "outros" – novamente, através da morte própria ou alheia – é siderado justamente pela supressão desses objetos tidos como fonte da sua perturbação (devido à inveja, ao ciúme, à frustração, ao ódio etc.), mas que constituem, não obstante, também a sua fonte de vida e a sua possibilidade de expansão e transcendência, de subjetividade transcendental (Husserl, 1934).

No terminal estado de desolação de Paulo Honório, em *São Bernardo*, viúvo de esposa suicida, solitário embora rico e carregando o peso de cinqüenta anos de maltrato e destruição de si e dos outros, ou no delírio alucinatório de Luís da Silva, em *Angústia*, que sucede ao crime e o submerge definitivamente na loucura, ou ainda no perene reinício de Fabiano, em *Vidas Secas*, prenunciador de novas catástrofes e novos começos, num infindável trabalho de Sísifo inocente, e mesmo nas palavras e ações continuamente postergadas ou invalidadas de João Valério, que o conduzem a lugar nenhum e a movimentos no vazio, em *Caetés*, nos reencontramos sempre com o persistente assomo do nada, com a insuperável reposição de um real asfixiante, frente ao qual todo anseio de elevação, todo esforço emancipatório parecem ser permanentemente futilizados.

Diferentemente de Álvaro Lins, que encontra em Graciliano um autor cruel, sem misericórdia para com seus personagens – delegando tal ímpeto de generosidade ao leitor – um autor de muitas vidas sempre secas, Otto Maria Carpeaux (1977) nos diz, no entanto, que "Certamente a alma deste romancista seco não é seca; é cheia de misericórdia e simpatia para com todas as criaturas, é muito mais vasta do que um mestre-sala filantrópico pode imaginar[75]". Para Carpeaux a destruição em Graciliano tem um propósito de reconstrução, de reinício, de salvação. Aniquilando o mundo exterior, destruindo esse mundo de agitação angustiada no qual se sente preso/morto ele busca a sua liberdade/redenção e a de todas as almas atormentadas que o povoam. Formulação afim, por exemplo, com a única condição de possibilidade de uma pulsão de morte, segundo Lacan, a de que esta compreenda em seu *telos* a perspectiva de "novos começos", o anseio de superação de um universo mortífero onde o ser está privado de transcendência e de expansão intersubjetiva no mundo das relações. O *setting* romanesco de Graciliano Ramos é, pois, constituído desta árida "materialidade espiritual", este *locus* de constrangimentos no qual está sediado o interminável embate entre o ser e o não-ser, entre o advento do sujeito e aquilo que o objeta, entre o indivíduo e sua fragmentação, configurando, portanto, um universo essencialmente trespassado pela angústia, na estrita acepção kierkegaardiana da palavra, âmbito da requerência de um ato instituinte do *self* na sua mais plena e autêntica dimensão.

A interpenetração do relato autobiográfico com o texto ficcional foi um ponto especialmente enfatizado por Antonio Candido (1992) em seu livro *Ficção e Confissão*, em que defende a tese de que Graciliano escreveu ficção até onde pode fazê-lo e que, a partir de certo momento, a premência de um discurso direto o levou a abolir o personagem ficcional e a instituir-se como protagonista, adotando o relato autobiográfico como perspectiva privilegiada até o final. O uso da vivência pessoal como húmus da produção literária, em distintos gêneros – romance, conto, crônica e autobiografia –, sugere-nos que a obra de Graciliano é capaz de ilustrar, de forma quase espetacular, o esforço de um autor para exorcizar-se dos fantasmas íntimos que o atormentaram ao longo da vida e que só o processo de exteriorização possibilitado pela escrita iria permitir-lhe arrostar, e onde encontramos *ipso facto* o propósito inconsciente de colocá-los sob o domínio e a serviço dos anseios íntimos de expansão efetiva do eu no "mundo da vida" (Husserl, 1932). Como escreve Blanchot (1959) em *O livro por vir*, a propósito da narrativa confessional, especialmente do diário íntimo: "Escrevemos para salvar a escrita, para salvar a vida pela escrita, para salvar o nosso pequeno eu (as vinganças sobre os outros, as maldades que destilamos) ou para salvar o nosso grande eu fazendo-o passar pelo que não é, e então escrevemos para não nos perdermos na pobreza dos dias ou, como Virginia Woolf, como Delacroix, para não nos perdermos nessa prova que é a arte, a exigência sem limites da arte."[76]

Fiéis a tal perspectiva existencial e em total acordo com a atitude crítica propugnada por Genette, teremos como escopo particular do nosso estudo realizar uma aproximação interpretativa da obra de Graciliano Ramos utilizando-nos dos recursos de análise literária e psicanalítica que estarão de alguma forma influenciados por uma múltipla instrumentalização fenomenológico-estrutural. Fazendo recair a análise sobre o problema da angústia, em sua manifestação organísmica (somato-psíquica) frente à facticidade imposta pelas coisas e pelo outro/Outro ao *ser-aí* (dasein) – enquanto prenunciadora de um possível e temível *não-ser* (anintegração) ou *deixar-de-ser* (desintegração) e segundo os termos propostos inicialmente por Kierkegaard (1844) e reenunciados por Sartre, Camus, Winnicott e Lacan – enfocaremos a contingência do *self* originário no seu iniludível encargo de sustentação ontológica frente ao real e à realidade, sob a exigência de um gesto fundante pelo qual, através obra, este busca criar e criar-se (realizar-se) no diálogo interminável com a alteridade alienante que povoou um dia o *com-texto*[77] mítico que o formou.

---

[76] Blanchot. *op. cit.*, p. 196.
[77] Bakhtin, 1979, p. 404.

Graciliano, Cabral e o Outro: sobre as possíveis potencialidades terapêuticas da relação autor/texto/leitor

O ambiente literário, a clínica psicanalítica – com maior freqüência –, mas também a vida cotidiana, proporcionam a escuta de certos depoimentos que, na medida em que se repetem e evidenciam estar trespassados pelo timbre da convicção, insinuam-se sugestivamente na mente do ouvinte e, se este se ocupa eventualmente de apurar o seu quociente de verdade, poderá vir a propor-se pontualmente novas questões ou a recolocar em cena antigas indagações que não lhe parecem ter sido adequadamente respondidas antes, ou porque foram abandonadas por serem julgadas pouco importantes, ou porque foram simples e sumariamente arquivadas por serem consideradas incompatíveis com as concepções vigentes em determinada época ou situação.

Depoimentos do tipo "A literatura me salvou!" ou "Eu me constituí graças à literatura!" ou "Graças ao estudo dessa língua (francês, inglês ou outra) eu sobrevivi!" não são raros nas circunstâncias antes referidas. A pergunta que neste capítulo pretenderemos interpor diz respeito, como indica o título, a uma dessas tantas questões fechadas. Interroga ela sobre as possibilidades de ação de uma pretensa potencialidade ou propriedade terapêutica e "salvadora" da relação autor/texto/leitor sobre o sujeito da escrita/leitura. Teremos como premissa a idéia de que é com o texto, como significante literário, e tão somente com o texto, que autor e leitor poderão vir a entrar em contato. Essa relação, como nos diz Barthes, não consiste na experiência de um sujeito com um objeto, nela não há lugar para a passividade nem para a atividade, mas ela necessita vitalmente e, sobretudo, de um espaço potencialmente favorável à fruição – e com a finalidade que aqui estamos sinalizando, mais à *jouissance* do que ao *plaisir* somente, uma vez que se trata aí da produção do novo, o que para Barthes[78] é, conforme afirma em *O Prazer do Texto*, um equivalente do gozo.

Segundo sua proposição central, só o gozo pode ser revolucionário, só o gozo implica verdadeira transformação. Embora todo gozo estético e literário tenha como destino final a produção do prazer – que pode ser considerado uma forma abrandada de fruição – no espectador ou no leitor, o gozo é uma vivência extrema, acéfala, anônima, des-subjetivante, e equivocadamente suporíamos que isto se dá por um exercício da força, da violência ou por uma imposição muscular; podendo-se inclusive equiparar esse estado a um *estar à deriva*, a um abandonar-se ao fluir das sensações.

Psicanaliticamente falando, diríamos talvez se tratar de um estado de "não-integração"[79], o que implicaria inclusive uma outra e mais complexa questão que diz respeito à natureza sexual do gozo: Será o gozo algo a obter no contato com o outro, ou o gozo tem a abolição do outro e também do eu como sua condição? Nesse caso, os estados nirvânicos, as vivências fusionais, o sentimento oceânico, de que falava Freud[80], poderão representar a descrição exemplar de uma plenitude gozosa no coração do ser.

---

[78] Barthes, R. (1973). *O prazer do texto*. Lisboa: Edições 70, 2001.
[79] Winnicott, D. W. (1960). The theory of the parent-infant relationship. In: *The Maturational Processes and the Facilitating Environment*. IUP, Madisson, 1996.
[80] Freud, S. (1920). *Más allá del principio del placer*. Madrid: Obras Completas, Biblioteca Nueva, 1973.

O gozo é, porém, extremamente fugaz, indizível, e quando falado ou escrito já não é gozo[81]. Nesse sentido pode ser comparado ao *insight* na experiência analítica, à *eureka* do cientista ou do filósofo, ao *thykhe* dos gregos e de Lacan[82] (o assombro frente ao real), antecedendo o sentido, ao encontro com a verdade, vivência que se torna logo opaca no momento seguinte, quando pretendemos narrá-la. A palavra o esvazia como estado de plenitude, a palavra elabora o gozo secundariamente, e seu uso artístico será sempre um subproduto das vivências extremas, embora o gozo seja certamente intrínseco e indispensável ao ato criador, à irrupção poética do insólito, mas não à sua grafação.

No exato momento em que é dito ou escrito o gozo sofre um processo de purificação e torna-se fonte permanente ou provisória de prazer, e se se repete igual, ao modo de um clichê, cristaliza-se como doutrina, como ideologia obssessional, histeriforme ou perversa, e ao formalmente perpetuar-se servirá mais ao tanatismo do que ao campo vivo dos processos de simbolização[83].

Se não temos, porém, acesso ao autor como leitores, ou ao leitor como autores, no estado de fruição plena ou mesmo abrandada que o texto proporciona na medida em que um sentido se institui, com quem ou com o que nos colocamos em contato no exato momento da sua produção? Nossa resposta assaz sumária será: – "Com o Outro". E nesse contexto bastante específico, acerca do que nos propomos a refletir, com o Outro do texto literário, sombra/luz sob cujo signo nos inclinamos sobre a folha de papel.

Em seu ensaio sobre o *dichter* e o devaneio, Freud[84] compara a atividade do ficcionista com o brincar da criança, afirmando que o

---

[81] Barthes, R. (1973), *op. cit.*

[82] Lacan, J. (1964). *O seminário. Livro 11 – Os quatro conceitos fundamentais da psicanálise.* Rio de Janeiro: Jorge Zahar, 1990.

[83] Graña, R. (1998). *Relação, destruição e uso de objeto: egoidade e alteridade numa perspectiva epistêmica winnicottiana.* In: Revista Brasileira de Psicanálise, v. 32, n° 3, 1998, p. 541-558.

[84] Freud, S. (1908). *El poeta y los sueños diurnos.* Madrid: Obras Completas, Biblioteca Nueva, 1973.

motor do sonhar acordado é também o que possibilita a criação literária e o que sustenta o *continuum* da atividade lúdica infantil, fazendo com que o ato criativo se acompanhe de uma ilusão onipotente de plenitude e de prazer – chegando às vezes a um verdadeiro "clímax do ego", como posteriormente dirá Winnicott[85]. O que diferencia, no entanto, para Freud o devaneador compulsivo do criador literário é o fato de que o último, ainda que escreva para si – ou para o Outro[86] – é um proporcionador de prazer aos outros[87], enquanto o sonhador diurno está encerrado em si mesmo e repete incansavelmente as mesmas, ou quase as mesmas, cenas cifradas num dialeto privado e associal.

O fato de que nos possamos colocar em contato com o Outro, com esse lugar onde habita a verdade, esse lugar onde o sujeito se constitui, como propõe Lacan[88], oportuniza – e esta é a nossa proposição central – que o ato de escrever ou de ler seja terapêutico por si, tal como afirmava Winnicott[89] que o brinquedo infantil exerce sempre uma função terapêutica – como integrador, realizador e subjetivante – de forma espontânea, permanente e vital.[90]

Graciliano Ramos e João Cabral de Melo Neto, poeta de quem incidentalmente nos serviremos para desenvolver as idéias que seguem, evocam – não com a mesma freqüência, intensidade ou forma – lugares, cenários e vivências similares que têm como metáfora poética a seca e como paradigma literário a aridez. Desconhecemos, não obstante, qualquer estudo crítico que se atenha especificamente

---

[85] Winnicott, D. W. (1958a.) The capacity to be alone. In: *the Maturational Processes and the Facilitating Environment, op. cit.*
[86] Simbólico, transcendente, inconsciente.
[87] Imaginários, semelhantes, "reais".
[88] Lacan, J. (1954-1955). O Seminário – livro 2 – *O eu na teoria de Freud e na técnica da psicanálise*. Rio de Janeiro: Jorge Zahar Editor, 1985.
[89] Winnicott, D. W. (1971). Playing: a theoretical statement. *Playing and Reality*. Tavistock, London.
[90] Em *A Farmácia de Platão* (1972), Jacques Derrida realiza um estudo minucioso sobre a função "farmacológica" ou "curativa" da escrita, em cujo exercício parecem integrar-se ambos os propósitos de cura e de consumição, o que está já etimologicamente contido na palavra grega *pharmakón*, paradoxalmente designativa do remédio e do veneno.

a essa constatável ressonância entre a obra do poeta e a do romancista. Sabe-se por relatos biográficos que eles não tiveram nenhum contato direto pessoalmente significativo. João Cabral declarou a Ricardo Ramos, filho de Graciliano, que não conhecera seu pai, que o considerava inatingível quando o encontrava na Editora José Olympio e que, por mais que quisesse, nunca havia chegado nem perto de Graciliano. Ao que Ricardo, que conhecia João há bastante tempo, reagiu com espanto: " Não é possível!" Principalmente por encontrar nas obras de ambos a mesma precisão, um similar despojamento de excessos, e entender que eles se interpretam mutuamente: "Duas almas gêmeas. Muito possivelmente, íntimas. Se Graciliano fosse poeta, estaria próximo de João Cabral. Se João Cabral fosse prosador, se avizinharia de Graciliano. Entre um e outro, os imponderáveis"[91]. Sim, aí, entre um e outro, nesse interstício insondável, aí se passa um mundo, incide uma força; mais bem, tudo o que faz o mundo girar.

O que podiam, porém, esses seres complementares dizer um do outro? Causa-nos curiosidade a afirmação de Ricardo Ramos de que eles se interpenetram e interpretam. João Cabral ousou dirigir-se a Graciliano depois de morto. Em vida apenas o sonhara... de longe. Mas Graciliano nada escreveu, jamais, sobre o jovem Cabral. Terá nele reparado alguma vez? Se assim ocorreu, não teremos mais como saber.

No plano da criação literária cabralina, de outra parte, a figura do ficcionista imaginariamente evocada parece situar-se e emergir intuitivamente no âmbito da *poiesis* idealista ou do imanentismo transcendental. Em seu livro de 1961, *Serial*, encontra-se um poema intitulado "Graciliano Ramos"[92]. Sua leitura produz ligeiro estranhamento no leitor de Graciliano. Mais além do estranhamento freqüente e intencionalmente suscitado no leitor pelo contato com a

---

[91] Ramos, R. (1992). *Graciliano: retrato fragmentado*. São Paulo: Siciliano, p. 193.
[92] Cabral de Mello Neto, J. (1965). *Antologia Poética*. Rio de Janeiro: José Olympio, 1991.

obra de João Cabral, em grande parte resultante da crua materialização da palavra e da supressão do eu na narrativa – eu que cede lugar ao ser na descrição quase bárbara (no sentido benjaminiano) de um mundo que apela em voz estridente por um sentido que não lhe vem – além disso, o leitor de Graciliano poderá experimentar com estranheza uma forte impressão de que Graciliano Ramos não se encontra ali. Nesse momento, poderá inclusive indagar-se, intimamente: "Com quem fala João Cabral de Melo Neto em tão eloqüente voz?"

Falo somente com o que falo:
com as mesmas vinte palavras
girando ao redor do sol
que as limpa do que não é faca:

de toda uma crosta viscosa,
resto de janta abaianada,
que fica na lâmina e cega
seu gosto da cicatriz clara.

Falo somente do que falo:
do seco e de suas paisagens,
Nordestes, debaixo de um sol
ali do mais quente vinagre:

Que reduz tudo ao espinhaço,
cresta o simplesmente folhagem,
folha prolixa, folharada,
onde possa esconder-se a fraude.

Falo somente por quem falo:
por quem existe nesses climas
condicionados pelo sol,
pelo gavião e outras rapinas:

> e onde estão os solos inertes
> de tantas condições caatinga
> em que só cabe cultivar
> o que é sinônimo da míngua.
>
> Falo somente para quem falo:
> quem padece sono de morto
> e precisa um despertador
> acre, como o sol sobre o olho:
>
> que é quando o sol é estridente,
> a contra-pelo, imperioso,
> e bate nas pálpebras como
> se bate numa porta a socos.

A pergunta pendente, que um leitor hipotético deste poema se poderá fazer, como outros, reais, fizeram-se já e assim os escutamos, remete à zona do imperscrutável, ao lugar no qual nos arranjamos para escrever e no qual situamos aqueles para quem escrevemos; não só estes outros possíveis que a teoria literária nos propôs chamarmos *narratários*[93], mas um outro particular, singular, privilegiado, com o qual, suspenso em destaque sobre uma outredade genérica, pretendemos manter interlocução.

Acordes ao nosso gosto poderíamos assinalar detalhes, minúcias, ninharias passíveis de provocarem essa estranheza: que em Graciliano a lâmina não é de relevância tanta como a corda, que a forca parece sugerir-se como mais apropriada ao suicídio ou ao homicídio do que a faca, que a secura de Cabral tange mais direta e duramente o real, que Graciliano opera com o seco e com a secagem num deslocamento metafórico de significantes sempre recontextualizaveis, que Cabral é mais implacável, mais osso, mais barro, mais greta, que Graciliano

---

[93] Prince, G. (1996). El narratario. In: Sullà, E. (ed.) *Teoria de la Novela – Antologia de Textos del Siglo XX*. Barcelona, NIU.

é traído no tédio, no engulho, na náusea, por não poder evitar ser visceralmente passional, dado a rompantes, a arrebatos de ódio, paixão, ternura, e algum lirismo.

No entanto, não é esta a perspectiva que abriremos, embora tais indicativos nos possam servir de apoio. Pretendemos, de outra forma, propor que o encontro – sempre incompleto, faltoso e impreciso – que é pretendido pelo autor ao escrever e pelo leitor ao lê-lo, possui virtudes terapêuticas por apontar ao "país do Outro"[94] como campo proposicional.

Há algum tempo alguém dizia, preocupado com a importância que costumamos conceder a disciplinas como a literatura e a filosofia na formação teórica do psicanalista e na prática clínica da psicanálise, que não deveríamos esquecer que "um paciente não é um poema", utilizando-se para isso de palavras atribuídas a Winnicott. Creio, contudo, que uma maior familiaridade com Winnicott traria certeza ao colega de haver escolhido o autor errado para evocar naquela ocasião. As citações soltas, descontextualizadas, podem apropriar-se facilmente ao propósito intencional do uso privado de quem as faz. Winnicott, leitor voraz de Eliot, Keats, Donne, Blake, Yeats, Tagore, foi quem pela primeira vez estabeleceu que a experiência da análise e a experiência cultural acontecem no mesmo lugar, que seu antecedente é o brincar da criança[95], que as pessoas, na vida comum, e paciente e analista, nas sessões, interagem nesse lugar, nessa zona de sobreposição subjetiva ou de intersecção lúdica onde os *selves* individuais se colocam em relação.

A essa zona "entre dois" que se inaugura ontologicamente no começo da separação das representações de *eu* e de *outro*, e que é logo obturada por uma série de imagens, objetos e atos ilusoriamente

---

[94] Leclaire, S. (1991). *O país do outro: o inconsciente*. Rio de Janeiro: Jorge Zahar, 1992.

[95] Veja-se a feliz passagem de Barthes em *O prazer do texto* (1973), já influenciado pela leitura de Winnicott que se explicitará a partir daí em sua obra, sobretudo em *Fragmentos de um discurso amoroso* (1977) e *A câmara clara* (1979), onde propõe que "O escritor é aquele que brinca com o corpo de sua mãe".

reconstituintes da unidade inicial, Winnicott[96] chamou de "espaço transicional", o qual compreende a gradual e tolerável inclusão do mundo externo – em ambos os sentidos de realidade (simbólica) e de real (material) – na órbita da onipotência original, e contém segundo sugere J-B Pontalis[97], uma possível resposta à indagação de Cat Stevens: *But tell me where do the children play?*

O efeito estético/poético do discurso sobre o ouvinte era inclusive utilizado por Winnicott para presuntivamente discriminar entre os indivíduos "sadios" e aqueles que estariam necessitados de atenção psicanalítica. Sugeria ele, para uma comunidade de anglicanos com quem fora convidado a conversar, que poder-se-ia decidir quem deveria prestar auxílio a uma pessoa, se o padre ou o psicanalista, pedindo-lhe que falasse. Soando a fala atrativa, interessante, os clérigos poderiam ser úteis, mas se o discurso resultasse enfadonho esta pessoa estaria talvez necessitando de um auxílio especializado.

Seria esse o mesmo autor que alerta para que não confundamos um paciente com um poema? Provavelmente, inquirido em tal ponto, Winnicott – também ele um autor de poemas que deverão ser futuramente editados – nos poderia responder que o paciente foi levado a tal condição psicopatológica precisamente porque deixou de ser um poema. Possibilitar-lhe um novo acesso ao universo poético seria talvez o mais elevado compromisso do psicanalista. O exercício da psicanálise e da literatura é, mais que tudo e além de tudo, *poiesis,* criação, co-criação.

Retornemos, porém, a nossa questão inicial, a qual por um compromisso saint-exupéryano deveremos perseguir com quase obstinação. Como acontece, onde acontece e como pode resultar em benefícios terapêuticos a relação autor/texto/leitor?

Serge Leclaire escreveu há alguns anos um pequeno livro de narrativas curtas em que estão sobrepostas vivências pessoais, experiências psicanalíticas e devaneios literários, que se intitula *O*

---

[96] Winnicott, D. W. (1951), Transitional Objects and transitional phenomena. In: *Through Paediatrics to Psycho-Analysis: Collected Papers*. New York: Brunner/Mazel, 1992.
[97] Prefácio a *Juego y Realidad*. Barcelona: Gedisa, 1979.

País do Outro[98]. O próprio Leclaire define-se no livro como autor de psicanálise-ficção. "Os países do outro são os do entre-dois", diz Leclaire, e "fora dessas *no man's lands* o que reina é a ordem das fronteiras, limites de todos os tipos, dos muros à armadura, das comportas ao semipermeável"[99]. A psicanálise, como a literatura, "é antes de tudo uma aventura de desvendamento do presente".

Nessa aventura os riscos são consideráveis, nada oferece garantia nenhuma aos viajantes, as supostas boas intenções do outro não são suficientes para assegurar o êxito do empreendimento e só o que os liga é uma relação de desconhecimento e de fé na verdade, em busca da qual deve-se transitar por todos os caminhos da incerteza. Mas "os confins da cena não podem ser atravessados: só podemos aboli-los entrando em algum outro espaço de representações (...) Não há lugar fora da cena (...) é pelo menos no entre-duas-cenas, entre enquadramento e ponto de fuga, que passa o presente inapreensível de toda representação"[100].

Não obstante as palavras de Leclaire possam soar como um veredicto solipsista, que impedindo toda comunicação direta determine um definitivo isolamento dos sujeitos em fatalística reclusão autista, observemos melhor e veremos que há uma constante referência ao comum apreço pela verdade e à possibilidade de que aí, neste lugar insaturável, na crença neste lugar, analista e analisando, autor e leitor se encontrem; condição para isto é que cada um carregue em si, como dom, o registro histórico/vivencial desta crença ou fé; "fé racional pura prática", no dizer de Kant[101], "convicção vivencial", segundo Merleau-Ponty[102], ou ainda disposição para "a crença em", conforme Winnicott[103].

---

[98] Leclaire, J. (1992), *op. cit.*
[99] Ibidem, p. 53.
[100] Ibidem, p. 32.
[101] Kant, E. (1787). *Crítica da Razão Prática*. Rio de Janeiro: Ediouro, s. d.
[102] Merleau-Ponty, M. (1945). *Fenomenologia da Percepção*. Rio de Janeiro: Freitas Bastos, 1971.
[103] Winnicott, D. W. (1949). The innate morality of the baby. *Trough Paediatrics to Psycho Analysis*. New York: Bruner/Mazel, 1992.

Por isso a psicanálise – e por seu turno a literatura, a teoria literária e a filosofia – pouco pode fazer pelos psicóticos, nos quais toda pertinência concursiva (simbólica) a uma semiosfera humana se perdeu. A literatura e a experiência da leitura podem agir, em consonância com fatores outros, como elementos potencialmente estruturantes de um sujeito a princípio viável, mas essa experiência não tem por si um poder reestruturante; poderá ser integradora, mas não será reintegradora; será circunstancialmente até mesmo salvadora, servindo às vezes, e em ampla escala, como suporte suplementar de uma *egoidade*[104] precária e desempenhando ali uma função protética, talvez vital. Em tais condições pode também, no entanto, hipertrofiar sintomaticamente o intelecto, prostituindo assim seu uso e função, como diria Winnicott[105].

O recurso compensatório da literatura implica às vezes, portanto, o risco de endosso de uma personalização desarmônica (um frágil estabelecimento da trama psicossomática, da morada do *self* no corpo) havendo a possibilidade de que em determinadas circunstâncias o uso compulsivo do conhecimento literário sirva à organização defensiva de um falso *self* (Winnicott, 1960) que, se é sem dúvida produto de uma desfiguração dos modos mais autênticos e espontâneos do existir, é também, de outra parte, uma técnica de sobrevivência em situações extremas com as quais o psiquismo precocemente se defrontou. Técnica que poderá servir-lhe, temporariamente, como arcabouço provisório para a identidade pessoal, mas que deverá ser substituída por formas ontológicas mais plenamente satisfatórias em ocasiões ulteriores propícias a tal fim.

O que determina, porém, principalmente, a viabilidade ou não do uso terapêutico da literatura, do escrever e do ler, no sentido

---
[104] Graña, R. (1998), *op. cit.*
[105] Winnicott, D. W. (1949). Mind and its relation to the psyche-soma. *Trough Paediatrics to Psycho-Analysis*. New York: Bruner/Mazel, 1992.

estrito que estamos aqui atribuindo à palavra, é a possibilidade de interlocução com o Outro do texto, virtual encontro com a verdade narrativa que é, ao fim e ao cabo, o encontro da verdade própria, a única verdade que seremos capazes de reconhecer em qualquer tempo e lugar. O sentimento da verdade, a convicção de que o que acabamos de descobrir "é assim", não implica no ajuste da vivência subjetiva – que é produto do contato com o texto – à verdade formalmente (empiricamente) enunciada por um outro real.

Como dizia Winnicott[106], em carta a Money-Kirle no ano de 1952, o ambiente não é por si capaz de formar nenhum indivíduo senão na medida em que é percebido como parte dele, e o indivíduo não é capaz de contatar com ambiente nenhum a não ser o que ele mesmo criou; porém, em situações favoráveis, cria-se uma "ilusão de contato" à qual uma pessoa deve os momentos mais significativos e sublimes da sua existência.

Maurice Merleau-Ponty[107] viria ao encontro dessa formulação winnicottiana ao propor que em tais situações "além do ser em si e do ser para nós, parece abrir-se uma terceira dimensão onde desaparece a sua discordância", são possibilidades de um mesmo mundo apreendido perspectivicamente por cada um, sendo que a relação do sujeito com o mundo implica essa permanente retificação reflexionante do vivenciado. Assim, "cada percepção envolve a possibilidade de sua substituição por outra (...) cada percepção é o termo de uma aproximação de uma série de 'ilusões', que não eram apenas simples pensamentos (...) mas possibilidades que poderiam ter sido, irradiações desse mundo único que há", levando à conclusão de que a sucessão das des-ilusões (Merleau-Ponty) ou desilusionamentos (Winnicott) atestam uma realidade que não pertence a nenhuma percepção ou convicção particular, situando-se sempre além e existindo em lugar nenhum.

---

[106] Rodman, F. R. (1987). *The Spontaneous Gesture: Selected Letters of D. W. Winnicott*. Cambridge: Harvard University Press.
[107] Merleau-Ponty, M. (1964) *O visível e o invisível*. São Paulo: Perspectiva, 1992.

Será talvez desnecessário dizer que o paradoxo proposto por tal formulação é o mesmo que conduz Lacan a afirmar que "não há relação sexual"[108], no sentido de que a comunicação é "realmente" impossível, sendo precariamente estabelecida no campo do significante, e Barthes[109] a afirmar que "o texto nunca é um 'diálogo': nenhum risco de simulação, de agressão, de chantagem, nenhuma rivalidade de idioletos; o texto institui no seio da relação humana, corrente, uma espécie de ilhota, manifesta a natureza associal do prazer".

É nessa mesma perspectiva que Serge Leclaire sustenta, no livro citado, que "O entre-dois, este país do Outro, constitui também nossa geografia íntima, entre o couro e a carne, entre masculino e feminino, sobretudo entre corpo e palavras"[110]. Quando Lacan nos diz que o significante é o que representa o sujeito para outro significante[111], está, pois, a enfatizar, a escandir (como preferia) essa absoluta e radical impossibilidade de comunicação direta pessoa a pessoa.

É ao Outro que falo quando pretendo dizer do outro que já fui; é o Outro que encontro quando pretendo apreender nas palavras do outro aquele que em mim se perdeu. O Outro do texto opera silenciosamente sobre o definido formato das imagens que me compõem, desforma-os, informa-os, reforma-os; este diálogo opera desde as sombras, mas de forma vigorosa e eficaz. Quando o sujeito e o Outro se encontram produz-se um efeito de verdade, e a partir disto certas coisas se tornam dizíveis, pensáveis, transmissíveis, utilizáveis.

João Cabral parece confirmar essa hipótese na seqüência dos quatro versos que, aqui e agora justapostos, introduzem a cada um dos quartetos principais:

---

[108] Lacan, J. (1975). *O seminário. Livro 20 – Mais, ainda...* Rio de Janeiro: Jorge Zahar, 1985.
[109] Barthes, R. (1973), *op. cit.*, p. 24.
[110] Leclaire, J. (1991), *op. cit.*, p. 63.
[111] Lacan, J. (1953). Função e campo da fala e da linguagem em psicanálise. In: *Escritos*, Rio de Janeiro: Jorge Zahar Editor, 1995.

Falo somente com o que falo:
Falo somente do que falo:
Falo somente por quem falo:
Falo somente para quem falo:

Cabral, recordemos, não conheceu Graciliano. Fala ao Outro, endereça seu grito ao inconsciente, força as fronteiras do que o separa de si mesmo sem conseguir ultrapassá-las. Constrói então um Graciliano cabralino. Já Otto Maria Carpeaux, como que ciente de tal impossibilidade, escreveria em 1943, na introdução de seu consagrado ensaio, *Visão de Graciliano Ramos*[112]:

> Para tentá-lo, vou escolher um processo estranho, estranho como o meu assunto. Vou construir uma teoria para apanhar a minha vítima, vou construí-la de pedaços de outras criações, alheias, com as quais Graciliano não tem nada que ver, vou colher esses pedaços, entregando-me ao jogo livre das associações. (...) Vou construir o meu Graciliano Ramos.

Embora Carpeaux não esteja ali teorizando sobre a escrita ou o sobre o ato de escrever propriamente, percebe-se estar ele ciente de que dialoga consigo mesmo, ou com o Graciliano que poderá facilitar-lhe o contato com as palavras por dizer que impregnam de significados mudos a sua carne. Construirá o Graciliano de que precisa ter, o Graciliano que necessita para curar-se, para dizer-se, para viver neste mundo de sentido ralo e raro.

"Escrevo porque não quero as palavras que encontro: por subtração" confessa Barthes, acrescentando: "Escrever no prazer me assegura a existência do prazer de meu leitor? De nenhuma maneira (...) não é a pessoa do outro o que necessito, é o espaço." Em similar desafogo costumava dizer Bataille[113]: "Escrevo para não ficar louco." Outros

---

[112] Carpeaux, O. M. *Visão de Graciliano Ramos*. In: Brayner, S. (Org.) Graciliano Ramos. Rio de Janeiro: Civilização Brasileira, 1977, p. 27.
[113] Bataille, G. (1957). *O erotismo*. Porto Alegre: L&PM, 1987.

escrevem e mesmo assim enlouquecem, outros conseguem fazer um bom uso do enlouquecer, outros ainda escrevem a custo apesar e através da loucura. Os conhecidos exemplos de Poe, de Nietzsche, de Artaud, de Reich, mesmo de Schreber, o maravilhoso esquizofrênico paranóide de Freud[114], estão longe de serem abarcativos, nem representativos, nem mesmo suficientemente explicativos das complexas relações existentes entre a criação literária e a psicose.

Graciliano Ramos, como Dostoievski e Kafka, foi um desses trilhadores das margens do abismo, desses invocadores de entidades infernais, e obteve êxito em não enlouquecer, ao que parece, além de êxito literário. O temor persistente da loucura, porém, está presente ao longo da obra de Graciliano. O estado delirante/alucinatório de Luís da Silva na parte final de *Angústia*[115], a crueldade e o ciúme paranóicos de Paulo Honório em *São Bernardo*[116], os diferentes estados desintegrativos oniróides/deliróides que encontramos nos contos de *Insônia*[117], são expressão ecoante e tentativa de exorcismo literário dos fantasmas cotidianos com os quais o escritor desde cedo conviveu. O terror de enlouquecer aparece como depoimento pessoal em dois livros autobiográficos, *Infância* e *Memórias do Cárcere*[118]. Concederemos aqui especial atenção ao primeiro; seu melhor livro segundo importante parte da crítica.

A antiga suspeita de ser portador de algum tipo de prejuízo mental aparece já no primeiro capítulo de *Infância*[119], denominado "Nuvens", em que, em meio a uma nebulosa descrição das mais antigas imagens que conserva na memória, Graciliano diz supor que a sua cabeça não fosse boa: "Era, tanto quanto posso imaginar, bastante ordinária. Creio que se tornou uma péssima cabeça"[120]. Num seguimento imediato

---

[114] Freud, S. (1910). *Observaciones psicoanalíticas sobre un caso de paranoia autobiograficamente descrito*. Madrid: Obras Completas, Biblioteca Nueva, 1973.
[115] Ramos, G. (1936). *Angústia*. Rio de Janeiro: Record, 1975.
[116] Ramos, G. (1934). *São Bernardo*. Rio de Janeiro: Record, 1996.
[117] Ramos, G. (1947). *Insônia*. São Paulo: Record, 1977.
[118] Ramos, G. (1954). *Memórias do Cárcere*. 2 vol. São Paulo: Record, 1975.
[119] Ramos, G. (1945). *Infância*. Rio de Janeiro: Record, 1975.
[120] Ibidem, p. 10.

ele descreve detalhadamente o ambiente violento onde se desenvolveu como um pequeno animal:

> Meu pai e minha mãe conservavam-se grandes, temerosos, incógnitos. Revejo pedaços deles, rugas, olhos raivosos, bocas irritadas e sem lábios, mãos grossas e calosas, finas e leves, transparentes. Ouço pancadas, tiros, pragas, tilintar de esporas, batecum de sapatões no tijolo gasto. Retalhos e sons dispersavam-se. Medo. Foi o medo que me orientou nos primeiros anos, pavor.[121]

A essa descrição inicial dos pais, que então mal se distinguem um do outro, afigurando-se ainda como *objetos parciais*, como registros metonímicos, conforme dizemos em psicanálise – mãos grossas (pai), mãos finas (mãe), olhos raivosos e bocas irritadas – a essa descrição segue-se outra onde os dois estão já claramente diferenciados e onde a imagem da mãe parece ascender maleficamente sobre a do pai – não obstante sua evidente fragilidade – pela grande instabilidade emocional, a conduta impulsiva, além de algumas crenças semi-delirantes como a do iminente "fim do mundo" e de uma persistente hipocondria – conforme o autor relatará mais tarde no livro – características sugestivas de perturbações psíquicas maiores.

É certo que necessariamente nos fiamos apenas nas impressões subjetivas registradas pelo menino aterrorizado; porém, numa psicanálise fenomenologicamente orientada ou em crítica literária psicanalítica, *isto é tudo o que há*, a única realidade que teremos à disposição. Quando um artista desenha um retrato de si próprio ele é sempre autêntico, *ele é realmente o que imagina ter sido*, podemos dizer em concordância com Álvaro Lins[122]. Nessa segunda descrição da fantasmagoria que assediava sua infância, escreve Graciliano:

---
[121] Ibidem, p. 14.
[122] Lins, A. Valôres e misérias das Vidas Sêcas – Prefácio a *Vidas Secas*. In: Ramos, G. (1947). *Vidas Secas*. São Paulo: Martins, 1973.

Nesse tempo meu pai e minha mãe estavam caracterizados: um homem sério, de testa larga, uma das mais belas testas que já vi, dentes fortes, queixo rijo, fala tremenda; uma senhora enfezada, agressiva, ranzinza, sempre a mexer-se, bossas na cabeça mal protegida por um cabelinho ralo, boca má, olhos maus que em momentos de cólera se inflamavam com um brilho de loucura. Estes dois entes difíceis se ajustavam. Na harmonia conjugal a voz dele perdia a violência, tomava inflexões estranhas, balbuciava carícias decentes. Ela se amaciava, arredondava as arestas, afrouxava os dedos que nos batiam no cocuruto, dobrados, e tinham dureza de martelos. Qualquer futilidade, porém, ranger de dobradiça ou choro de criança, lhe restituía o azedume e a inquietação.[123]

Graciliano aporta aqui dados significativos para que possamos, dentro de uma perspectiva psicanalítico-fenomenológica, suspeitar de uma sobreposição de vivências de colapso[124] potencial do *self* frente às quais não se possuirá, talvez, mais que duas possibilidades de resposta: o eu responde *complacentemente* ou *criativamente* à sua iminente destruição. A opção criativa compreende, supostamente, a colocação do traumatismo a serviço do sujeito, da vida, da arte, da ciência, da literatura, possibilitando ao eu pôr-se em relação com o outro e com o Outro, e assim ao alcance das possibilidades de cura que a palavra, o diálogo e a reflexão oferecem ao homem padecente da doença da vida comum.

Graciliano relata-nos, de forma intensa, mas quase explicativa, seu conhecimento prematuro das situações-limite, do verdadeiro dilema hamletiano que poderá apresentar-se a uma criança pequena frente a situações marcadas pela violência e pela irracionalidade parental. Talvez nos revele também, de algum modo, por que e como

---

[123] Ramos, G. (1945), *op. cit.*, p. 16.
[124] A descrição feita por Winnicott de uma situação clínica em que a queixa principal do paciente é o temor a um futuro colapso (*fear of a breakdown*) parece ter tocado muito particularmente a Barthes, que em dois dos seus últimos livros (*op. cit.*, p. 7) recorrerá várias vezes a essa idéia para falar sobre o luto e a paixão.

não enlouqueceu e não se fez delinqüente; por que, para que e para quem se tornou posteriormente escritor. Um escritor cruel, sem compaixão, como disse sobressaindo-se entre outras vozes Álvaro Lins. Em triste depoimento a confirmar esta hipótese, relembra o romancista:

> Acostumaram-me a isto muito cedo – e em conseqüência admirei o menino pobre que, depois de muitos padecimentos, realizou feito notável: prendeu no rabo de um gato um pano embebido em querosene, acendeu-o, escapuliu-se gritando (...) Infelizmente não tenho jeito para a violência. Encolhido e silencioso, agüentando cascudos, limitei-me a aprovar a coragem do menino vingativo.[125]

Essa parece ser a triste história de uma aprendizagem precoce e sistemática da crueldade. Mas o que fazer com a crueldade? Para que serve a crueldade mais além de induzir sofrimento nos outros e em si mesmo? (já que, como nos diz Barthes, o gozo convertido em padrão, perenizado artificial e artificiosamente, conduz inevitavelmente à histeria, à obsessão, à perversão). Haverá, portanto, um bom uso possível do ódio, do ressentimento, da indignação?

Álvaro Lins, um dos mais elevados espíritos críticos entre os que analisaram a obra de Graciliano Ramos, e que o define como um escritor impiedoso, egoísta, cruelmente frio, mas que justamente por isso é capaz de permitir a seus leitores experimentarem os sentimentos piedosos que ele não concede nem a si nem a seus personagens, não hesita em reconhecer que *Infância* é o mais bem-escrito de todos os livros de Graciliano: "Percebe-se aqui o apuro do trabalho de composição e estilo, o seguro artesanato literário. A secura, a frieza dessas impressões de infância encontra a devida correspondência no seu estilo sóbrio, ascético, livre de adornos."[126]

---

[125] Ramos, G. (1945), *op. cit.*, p. 18-19.
[126] Lins, A. (1947), *op. cit.*

Lins sublinha ainda a semelhança da narrativa romanesca graciliânica, sobretudo como se revela em *Angústia*, com o discurso livre do psicanalisando: "O seu método é o da confissão psicanalítica: uma palavra que explica outra, um pensamento que esclarece outro. E também o da associação de idéias: uma idéia que atrai outra idéia, uma lembrança que sugere outra lembrança."[127]

Se reinvocarmos agora as idéias presentes no já mencionado ensaio de Freud, sobre o escritor e os devaneios, poderemos avançar um pouco mais no entendimento de como tais métodos espontaneamente forjados por uma criança imaginativa, por um devaneador compulsivo ou por um escritor de ficção estão investidos de uma potencialidade autoterápica que consiste na textualização elaborativa do existir traumático em uma ordem bastante particular que o torna passível de ser manipulado pela ilusão, único instrumento de aproximação à verdade histórico/mítica do sujeito, a uma sempre precária síntese pessoal.

Digamos que a criança, o devaneador e o escritor são dados a uma espécie de uso extensivo da ilusão. A multiplicação e a exacerbação do uso da fantasia, porém, como alertava Freud, cria as condições para que o sujeito caia na neurose ou na psicose. Em acordo com Freud, Winnicott costumava dizer que um indivíduo está louco quando exige demais dos outros no sentido de uma total aceitação das suas convicções pessoais, das suas ilusões. A criança e o ficcionista fazem, porém, um uso moderadamente abusivo da ilusão. A criança e o escritor tendem, em condições ordinárias, a um uso sadio ou "sanante" da elaboração imaginativa dos fatos da vida. Freud[128] chega mesmo a dizer que toda criança que brinca assemelha-se a um poeta, ambos criam um mundo próprio situando as coisas da realidade externa numa nova ordem da qual extraem máxima satisfação; depositam nesse mundo privado, do qual são legítimos autores, intensos afetos, e o tratam com a máxima seriedade e atenção;

---

[127] Ibidem, p. 17.
[128] Freud, S. (1908), *op. cit.*

assim, retificam fantasticamente uma realidade que lhes é efetivamente insatisfatória, embora saibam o tempo todo diferenciar esses dois mundos e avaliar a qualidade da realidade de cada um.

O devaneador compulsivo, porém, inclina-se à patologia, na medida em que tende a aferrar-se cada vez mais às produções imaginárias recusando progressivamente o contato, ainda que ocasional, com uma realidade comum (o *mitwelt* dos fenomenólogos, a *shared reality* de Winnicott), a qual lhe resulta cada vez mais insuportável. Distancia-se assim dos seus outros "encarnados" e mergulha na sua mitologia autística, na sua loucura privada, que poderá levá-lo, desde um retraimento persistente do mundo, até o discurso mitomaníaco ou mesmo à construção de sistemas delirantes sistematizados.

Voltemos, porém, à literatura e observemos que o próprio relato de Graciliano Ramos nos revela como se processa a intuitiva organização do método e a utilidade que a atividade imaginativa – tendo por base a dissociação útil entre realidade interna e externa – adquire no sentido de colocar os fantasmas a trabalharem para o enriquecimento do eu.

No capítulo intitulado "Manhã", encontramos a seguinte passagem:

> Naquele tempo a escuridão se ia dissipando, vagarosa. Acordei, reuni pedaços de pessoas e de coisas, pedaços de mim mesmo que boiavam no passado confuso, articulei tudo, criei o meu pequeno mundo incongruente. Às vezes as peças se deslocavam – e surgiam estranhas mudanças. Os objetos se tornavam irreconhecíveis, e a humanidade, feita de indivíduos que me atormentavam e indivíduos que não me atormentavam, perdia os característicos.[129]

Os mais belos capítulos de *Infância* são, a nosso ver e paradoxalmente, aqueles que tomam como matéria-prima os mais compungidos sofrimentos físicos e morais. Atendendo a um critério

---
[129] Ramos, G. (1945), *op. cit.*, p. 20-21.

estético que é em grande parte determinado pela captura subjetiva do texto, ou pelo diálogo que como leitor ele nos possibilita estabelecer com o Outro – e pedindo, portanto, a devida permissão para ceder aqui a uma inclinação pessoal, extraindo assim da leitura que prazerosamente realizamos também as propriedades curativas que supomos ter – daremos destaque especial a cinco deles, os quais cremos servirem a necessidades diversas em momentos diferentes do processo de elaboração literária da experiência vivida do autor: "Um cinturão", "Um intervalo", "Moleque José", "Um incêndio" e "A criança infeliz".

Nos dois primeiros nos deparamos com a dolorosa descrição de episódios que parecem ter exercido sobre o menino Graciliano um efeito profundamente perturbador e traumaticamente reverberante ao longo de sua vida.

Em "Um cinturão" ele nos narra uma situação à qual ironicamente se refere como o seu "primeiro contato com a justiça". Tinha então quatro ou cinco anos e figurou ali na condição de réu. A essa altura ele estava já acostumado a brutalidades regulares, e a maior delas havia sido a grande surra que levara da mãe com uma corda[130] que tinha um nó na ponta. Embora a corda lhe tenha salpicado as costas de manchas sangrentas, ele dizia não ter guardado ódio da mãe por achar que o grande culpado havia sido o nó; não fosse ele, o estrago seria menor. A situação do cinturão, porém, reativou a ofensa passada e concedeu àquela todo o seu poder injuriante. O pai dormia na rede; subitamente acordou e levantou-se dela rosnando algo que o menino não conseguia entender. Apavorado com aqueles conhecidos sinais de imediatas explosões violentas, ele temeu ter algo a ver com os motivos da ira do pai e fugiu para trás de uns caixotes, onde se escondeu, desejando que a mãe ou o empregado aparecessem e fossem responsabilizados, uma vez que, sendo pessoas grandes, certamente não iriam apanhar. Pareceu-lhe que o pai se referia a um cinturão; aos berros indagava onde estava o cinturão de couro. Quando deu

---
[130] "Corda" parece ser um significante que opera em larga escala na produção imaginária do menino e do escritor, cujos efeitos de sentido se farão notar freqüentemente ao longo de todo nosso trabalho de análise e interpretação.

com o filho escondido atrás das caixas, perguntou-lhe em voz retumbante onde estava cinturão. Como o menino não soubesse do que se tratava, olhou-o aterrorizado e emudeceu. O pai não lhe perguntara se pegara ou escondera o cinturão, simplesmente ordenava-lhe aos berros que o devolvesse. Ato contínuo, estendeu sua grande garra na direção do filho e o arrastou para o meio da sala, passou a mão num grande chicote e começou a fustigar-lhe raivosamente as costas com a correia. Ninguém apareceu, sua mãe e José Baía o haviam abandonado, a casa estava erma e silenciosa feito um cemitério. O pai batia e gritava pelo cinturão sem parar. O suplício durou bastante tempo, mas para o menino não foi pior do que a expressão que no rosto do pai o anunciou, a dureza do olhar, a ameaça dos gestos, a rouquidão da voz a indagar algo incompreensível. "Solto", diz Graciliano, "fui enroscar-me perto dos caixões, engolir soluços, gemer baixinho e embalar-me com os gemidos. Antes de adormecer, cansado, vi meu pai dirigir-se à rede, afastar as varandas, sentar-se e logo se levantar, agarrando uma tira de sola, o maldito cinturão que desprendera a fivela quando se deitara"[131].

Cenas de uma "demasiado humana" brutalidade, como a descrita, especificando os utensílios da violência que instrumentalizavam o suplício, cordas, cintos, correias de couro, permitem-nos entender que na obra ficcional de Graciliano as cenas de enforcamento e estrangulamento com cordas sejam correntes, como as que encontramos em *Angústia*, *Insônia* e outros textos. O poder traumático e o efeito ecoante dessas cenas nos são comunicados pelas palavras do autor: "Hoje não posso ouvir uma pessoa falar alto. O coração bate-me forte, desanima, como se fosse parar, a voz emperra, a vista escurece, uma cólera doida agita coisas adormecidas lá dentro. A horrível sensação de que me furam os tímpanos com pontas de ferro"[132]. Triste testemunho de um registro inamovível ressoando, latejando, lategando através da vida.

---

[131] Ramos, G. (1945), *op. cit.*, p. 35.
[132] Ibidem, p. 33.

Em "Um intervalo" Graciliano descobre o sarcasmo, o cinismo e a hipocrisia humanos, que teriam mais cedo ou mais tarde de ser conhecidos pela criança. Nesse capítulo ele relata seus fracassos na educação religiosa em que a família procurava introduzi-lo; ele próprio entusiasmara-se com a idéia de tornar-se padre, mas a inabilidade com as práticas litúrgicas e os rituais eclesiásticos levou-o por fim a desistir do propósito. Numa das vezes em que visitava seu Nuno, o instrutor que lhe haviam arranjado, homem fervorosamente crente e de muitas habilidades, o menino cansado do catecismo entrou em conversação com as filhas dele. As jovens demonstraram um especial interesse no casaco que o garoto vestia. Passaram a elogiá-lo. O corte, o tecido, os aviamentos. Ele envaidecia-se, nunca havia percebido tais qualidades no casaco. Elas pareciam encantadas com a perfeição do casaco cor de macaco. Como os elogios eram demasiados, no entanto, o menino começou a suspeitar deles. Aos poucos foi-se apercebendo de que essas jovens, que costumavam dizer o contrário do que pensavam – algo novo para ele – na verdade zombavam da roupa ordinária e inferior que ele usava. Surpreendeu-se, com esse particular uso da comunicação, mas embora tenha se sentido ridicularizado e ingênuo, pensou que esse era pelo menos um modo de apontar suavemente os defeitos e imperfeições; o que estava acostumado era que lhe dissessem ríspida e frontalmente as coisas, de modo que não deixou de encontrar ali algo de bondade dentro da malícia.

É admirável, no entanto, constatar mais uma vez que tais episódios revelam estar intimamente relacionados com a atividade literária da maturidade e que a experiência com o outro de tal forma passe a determinar a relação com o texto – e com o Outro do texto – conforme assenta o próprio Graciliano no final do capítulo: "Guardei a lição. Conservei longos anos esse paletó. Conformado, avaliei o forro, as dobras e os pespontos das minhas ações cor de macaco. Paciência, tinham de ser assim. Ainda hoje, se fingem tolerar-me um romance, observo-lhe cuidadoso as mangas, as costuras, e vejo-o como ele é realmente: chinfrim e cor de macaco."[133]

---
[133] Ibidem, p. 193.

"Moleque José", "Um incêndio" e "A criança infeliz" são relatos que têm como característica comum o deslocamento do narrador do lugar de vítima para o de observador da infelicidade alheia, caracterizando a inversão de papéis que observamos no brinquedo da criança quando ele se coloca a serviço de um objetivo autoterápico. Ela passa ludicamente a encenar *ativamente* uma cena traumática à qual foi *passivamente* submetida, numa tentativa de curar-se, por meio da modificação imaginária da realidade penosa.

Tal manobra autocurativa, descrita por Freud em *Além do Princípio do Prazer*[134], pode ser observada na primeira dessas três narrativas, "Moleque José", que descreve uma surra aplicada pelo pai de Graciliano num menino negro, filho de ex-escrava, que se recusava a admitir uma traquinada insignificante. Em determinado momento o pai do narrador perde a paciência com o negrinho e passa a chicoteá-lo de forma semelhante a como chicoteara o filho na situação antes relatada. O pai arrasta o moleque para a cozinha e o filho o segue, algo excitado com a situação de justiçamento do companheiro safado de quem invejava algumas habilidades. O carrasco açoitava o negrinho que se desculpava como podia, inclusive jurando em falso e improvisando fatos. De repente o homem largou o chicote e suspendeu o negrinho pelas orelhas passando a sacudi-lo no ar. Neste momento, diz Graciliano algo constrangido, veio-lhe a sensação de ajudar seu pai, chegou a empunhar uma acha de madeira para ajudá-lo no castigo (identificando-se nesse gesto com o agressor), o que fez com que fosse imediatamente punido pelo pai e assumisse de alguma forma a culpa do moleque, participando ainda aqui do sofrimento alheio.

Em total acordo com o que já dissemos sobre os possíveis bons usos do sofrimento e da crueldade – esse nefasto aprendizado que extraímos das situações de maltrato vividas em carne própria – escreve Graciliano: "O meu ato era a simples exteriorização de um sentimento perverso, que a fraqueza limitava. Se a experiência não tivesse gorado, é possível que um instinto ruim me tornasse um homem forte. Malogrou-se – e tomei rumo diferente."[135]

---
[134] Freud, S. (1920), *op. cit.*
[135] Ramos, G. (1945), *op. cit.*, p. 86.

"Um incêndio" descreve uma tragédia ocorrida numa pequena cabana. Os pais haviam saído para a roça e duas das filhas ocupavam-se da casa e da comida, soprando a lenha e atiçando o fogo. De repente uma faísca chegou à parede e a casa em minutos começou a arder. As duas meninas, não conseguindo apagar o fogo, tiraram da choupana o que puderam; quando já estavam salvas, a mais velha, que era a mais empenhada no resgate, lembrou-se de haver esquecido lá dentro uma imagem de Nossa Senhora. Ao voltar para apanhá-la as paredes e o teto desabaram, e a menina, sem conseguir retornar pela porta, morreu calcinada. A descrição é de uma grande força expressionista, ressaltando o cadáver carbonizado da pretinha, semelhante a um toco chamuscado, sem braços e sem pernas, a dentadura arreganhada, as órbitas vazias e o nariz feito um buraco expelindo uma secreção amarelada. Tremendamente impactado com a cena, o menino não conseguiu dormir à noite, o fantasma da negrinha o aterrorizava:

> "A negra estava ali perto da minha cama, na mesa da sala de jantar, sem braços, sem pernas, e tinha dois palmos, três palmos de menino. (...) As órbitas vazias espiavam-me, a lama do nariz borbulhava num estertor, os dentes se acavalavam e queriam morder-me. Encolhia-me, escondia o rosto no travesseiro, e a visão continuava a atenazar-me."[136]

O menino impressionara-se com o fato de que a devoção da menina é que a perdera. A ingratidão da mãe de Deus era feroz, a quem a adorava devolvia a cólera e a destruição. Aos que tentavam consolá-lo, dizendo que pior do que aquele fogo seria o do inferno ou do purgatório, e que a negrinha estaria agora sentada junto a Jesus, ele respondia silenciosamente, com perplexidade. Frente a essa esquisita forma de benevolência, toda explicação lhe parecia duvidosa, e como que ele se apercebia de que, na falta de sentido algum, melhor seria que algum houvesse, ainda que bizarro e injustificável.

---
[136] Ibidem, p. 92.

O movimento de exteriorização do fator traumático, com a conseqüente possibilidade de criação dos personagens ficcionais que passam a ser então portadores da desgraça e vítimas da mortificação, através de um trabalho psíquico que possibilita o uso literário do traumatismo (sem que se seja ingênuo o suficiente para supor que há aí uma simples e direta relação causal), poderá ser ainda melhor observado em "A criança infeliz", um dos capítulos conclusivos de *Infância* que, como se poderá constatar na leitura, toma já a plena forma de um texto de ficção.

O autor descreve o sofrimento de um colega que é refugado tanto pela turma como pelo professor. Diziam todos que o "desgraçado" menino "não prestava", e embora não enumerassem claramente suas faltas, evitavam-no o tempo inteiro, debochavam dele, davam risadas. O pior de todos era o diretor, que vivia a chamá-lo de "sem-vergonha", "descarado", e às vezes até mesmo se excedia com o "pobre rato" aplicando-lhe violentas surras com uma corda[137], exibindo-o depois aos transeuntes. "Assistíamos a uma pena estranha, infligida sem processo"[138], escreve Graciliano. Em casa o menino era torturado de todas as maneiras pelo pai, com a utilização de técnicas refinadas como a compressão de falanges e o pau-de-arara, tendo como regulares os comuns murros e açoites. Veja-se que as palavras e frases que Graciliano usa agora para referir-se ao infeliz colega são as mesmas, ou quase as mesmas, que utilizara antes para referir-se a si mesmo (em *Memórias do Cárcere*, por exemplo, ele qualificará sempre a sua prisão inexplicada como uma pena insólita sem acusação e sem processo). O cotejo que o autor faz agora, entre sua vida e a do triste colega, torna mais clara a operação de deslocamento projetivo que permite a ficcionalização e a elaboração das próprias vivências traumáticas indiretamente (vicariamente). "A comparação revelou que me tratavam com benevolência. Infeliz."[139] O adulto marginalizado que sucedeu ao

---

[137] Note-se o ressurgimento explícito do significante *corda*.
[138] Ramos, G. (1945), *op. cit.*, p. 243.
[139] Ibidem, p. 245.

menino desgraçado, conforme nos conta o autor, homicida, estelionatário, e, por fim, assassinado na casa de uma amante por um inimigo que o crivou de punhaladas, põe em imagens o desfecho triste que, habitando a vida do outro, determina a salvação do escritor, a evitação da falência humana – na idade madura – que a violência na infância insidiosamente engendrou. Extravios e reencontros com o Outro, o futuro fazendo-se possibilidade, a maturidade colorida de êxito, a literatura como ascese e salvação.

Heis-nos de novo no início, eliotianamente ali, desejosos de que o diálogo que neste momento se fecha, com a dimensão do Outro, nos tenha possibilitado, e igualmente aos que nos lêem, avançar alguns poucos passos no infindável e árduo trabalho de reapossamento daquela realidade mítico-factual que nos criou.

Tanto Lacan quanto Winnicott, talvez os mais independentes e vigorosos pensadores da psicanálise depois de Freud, quanto Merleau-Ponty e Barthes, dois dos mais ágeis e consistentes pensadores da filosofia e da literatura neste século, tinham presente, na definição do humano, a inevitável operância da tantalização, da sisificação, a vigência da falta, o incessante deslize da verdade e da razão.

Lacan dizia que devido ao descentramento da consciência (o irredutível equívoco do eu sobre o que centralmente o afirmaria) ou pelo fato de estar originalmente cindido, o homem está também definitivamente impedido de recapturar aquilo que de mais verdadeiro e original carrega em si. Esse "originário", no entanto, estará desde sempre condenado ao extravio, à morte[140]; todo movimento de ascendência do sujeito implica uma condição de alienação. Ele se humaniza através do Outro, pelo Outro, ele é a imagem do Outro, o desejo do Outro que o constitui e do qual deverá, posteriormente e não raro violentamente, desprender-se para buscar reaver o que desperdiçou de si ao se formar[141]. Ação que implica toda a dialética

---

[140] Conforme nos diz Blanchot, em seu clássico ensaio de 1949 sobre a literatura e a morte, *A Parte do Fogo*, Rio de Janeiro: Rocco, 1997.

[141] Alusão feita aos dois níveis de eventual operância da alienação: o imaginário e o simbólico.

da autoconsciência, da autonomia e do reconhecimento, da qual Hegel (1907) se ocupou tão lucidamente como nenhum pensador que o antecedeu.

Winnicott afirmava que o *self* é em essência incomunicável e que seu núcleo de verdade e de autenticidade é inacessível até mesmo para o próprio eu[142]. Parece ser, no entanto, que essa perspectiva aparentemente sombria, compartilhada pelos autores citados, não se opõe à efetiva ocorrência de momentos nos quais, como escritores ou leitores, como João Cabral, Graciliano e todos os amantes da literatura, produzindo-a ou consumindo-a, façamos um uso útil – justamente por pressão da falta e contrariando a sentença esteticista de Wilde, segundo a qual toda arte é inútil – da experiência que o contato com o Outro é sempre capaz de oportunizar, e que, como dizia Winnicott, possamos vertiginosamente penetrar em direção ao mais oculto e obscuro de nós mesmos, extrair dali fugazmente a pura seiva das nossas raízes e, assim nutridos intimamente, reassegurarmo-nos do nosso humano vigor.

---

[142] Winnicott, D. W. (1963). Communicating and not-communicating leading to a study of certain opposites. in: *The Maturational Processes and the Facilitating Enviroment*. Madison/Connecticut, IUP, 1996.

2

O SUBSTRATO VIVENCIAL DO TEXTO LITERÁRIO: CORPOREIDADE, ALTERIDADE E ESCRITA EM GRACILIANO RAMOS

Poucos autores na literatura mundial nos terão dado, como Graciliano Ramos, exemplo equiparável àquilo que Freud, tomando o artista como parâmetro em carta a Pfister, entendia implicar o compromisso ético e científico do psicanalista[143]. Nessa carta, Freud apontava semelhanças entre o estoicismo exigido pelo exercício da psicanálise e a obstinação do pintor ao retratar seu modelo; dizia ele que, se preciso fosse, aquele deveria queimar os móveis da casa a fim de aquecer o ambiente, para que o modelo mais confortável e espontaneamente se instalasse e se entregasse ao olhar do artista e a seu devoto esforço de apreensão da *figura*[144].

Graciliano é freqüentemente comparado a Dostoievski pela ausência de reserva no febril movimento de extrair do vivido, sobretudo da vivência física, a visceral matéria para a construção da narrativa, seja ela autobiográfica ou ficcional. Ele parece ter sabido

---
[143] *Cartas entre Freud e Pfister*. Belo Horizonte: Ultimato,1997.
[144] Ver Barthes, R. (1977). *Fragmentos de um discurso amoroso*. Rio de Janeiro: F. Alves, 1995.

fazer literatura de tudo o que viveu, de tudo, efetivamente, sem seleção, sem omissão de fatos ou de situações constrangedoras, algumas delas difíceis de suportar na carne até mesmo na condição de leitor. Dizia ser um catador de ninharias, um detalhista de inutilidades, um ente mesquinho, numa maneira muito própria de referir-se a si mesmo. Descreveu-se sempre com um pobre diabo, um parvo, e seus principais personagens, fortemente tingidos de um matiz autobiográfico, não diferem essencialmente desta tão cruel imagem na qual o escritor se reconhecia[145].

A obra de Graciliano parece ser, de fato, intrinsecamente marcada por um elemento de crueldade; crueldade na descrição de si, dos outros, dos personagens e das situações em que freqüentemente todos esses se encontram. Mas foi justamente essa marca de impiedade que o fez conceber, nas situações mais difíceis da vida, algumas das melhores linhas da literatura brasileira. Seus livros formalmente apresentados como autobiográficos são *Infância*[146] e *Memórias do Cárcere*[147]. No entanto, o que nesses dois livros encontramos não difere significativamente de tudo o mais que encontraremos disperso ao longo de uma densa obra literária que, como afirma um dos seus mais brilhantes leitores, Álvaro Lins, se define por um paradoxo.

Sobre Graciliano, recordemos, escreveu Lins: "Representa ele o estranho fenômeno de um romancista introspectivo, interiorista, sem que leve em conta no homem outra condição que não seja a materialística. Um romancista da alma humana, tendo uma concepção materialista dos homens e da vida."[148]

Em Graciliano, a sanha de tudo dizer, de tudo registrar e comunicar o mais fielmente possível ao outro e ao Outro – no diálogo que

---

[145] A este respeito, conferir o ensaio de José Paulo Paes sobre "O pobre diabo no romance brasileiro", em *A Aventura Literária*, São Paulo: Companhia das Letras, 1990.
[146] Ramos, G. (1945). *Infância*. Rio de Janeiro: Record, 1975.
[147] Ramos, G. (1953). *Memórias do Cárcere*. 2 vol. São Paulo: Record, 1975.
[148] Lins, A. (1947). *Valores e Misérias das Vidas Secas*. Prefácio a *Vidas Secas*. São Paulo: Martins, 1973.

simultaneamente buscava estabelecer com os seus muitos leitores e com a dimensão inconsciente – persistiu até os últimos dias de sua vida, quando paciente terminal de um câncer de pulmão detinha-se em revisar e reescrever antigas notas, buscando aprimorá-las cada vez mais para a consecução, por fim, do efeito expressivo pretendido. Via-se que em determinados momentos a palavra impunha-lhe um limite exasperante sem que dela pudesse livrar-se, como fizera já com os personagens ficcionais, os quais, como propõe Antonio Candido[149], em algum momento passaram a estorvá-lo em sua premência confessional.

Segundo a tese defendida por Candido, profundo conhecedor de sua obra, Graciliano escreveu romances até onde pôde, no número de quatro, *Caetés*[150], *São Bernardo*[151], *Angústia*[152] e *Vidas Secas*[153], não mais que esses, por necessitar a partir de então de um depoimento direto que só a narrativa confessional ou autobiográfica poderia possibilitar. *Viagem*[154], escrito no segundo semestre de 1952, em alternância com os últimos capítulos de *Memórias do Cárcere*, é um claro testemunho desse firme propósito de exaurir o vivido e de vertê-lo pulsante na escrita; de definhar na hora de definhar, inevitavelmente, mas ao sabor da vida, dos cálices de vodca e de aguardente de ameixa e dos espetáculos teatrais e visitas a castelos e museus na União Soviética e na Tcheco-Eslováquia.

---

[149] Candido, A. (1992) Ficção e Confissão: ensaios sobre Graciliano Ramos. Rio de Janeiro: Editora 34.

[150] Ramos, G. (1933). *Caetés*. Rio de Janeiro: Record, 1982.

[151] Ramos, G. (1934). *São Bernardo*. Rio de Janeiro: Record, 1996.

[152] Ramos, G. (1936). *Angústia*. Rio de Janeiro: Record, 1975.

[153] Ramos, G. (1938). *Vidas Secas*. São Paulo: Martins, 1973. Embora *Infância* possa ser considerado mais um livro de ficção, por ter tido alguns de seus capítulos publicados como contos e, apesar de intencionalmente propor-se como uma rememoração dos anos infantis, estar fantasisticamente colorido pelo rico imaginário do menino atento e introspectivo, pronto desde essa época a catalogar minuciosamente o vivido – vivido marcado pela crueldade e pela humilhação - e *Memórias do Cárcere* esteja matizado pelas cores de uma reconstrução tateante decorrente da longa distância de tempo que separa o transcorrer da ação de sua narração, favorecendo a ativa operância da fantasia no trabalho de reconstituição mnêmica de fatos há muito vividos pelo autor.

[154] Ramos, G. (1954). *Viagem*. Rio de Janeiro: Record; São Paulo: Martins, 1975.

Em *Memórias do Cárcere*[155], mais especificamente, em suas mais de setecentas páginas onde o clamor da carne ofendida dá forma ao discurso que se eleva morno da masmorra pestilenta, Graciliano ilustrará de forma quase didática o movimento interior do processo de criação a partir do contato, em situações extremas, com tipos os mais banidos e execráveis, e da evocação rememorativa de experiências pessoais que eventualmente o situaram na fronteira da morte e da vida, entre a lucidez e a loucura.

Cremos concordar com Jorge Amado[156], e discordar de Antonio Candido[157], em que Graciliano foi tão excepcional romancista como contista. É de lamentar que seus contos se limitem a um único volume, *Insônia*[158], quando sua obra contística, embora tendo por característica uma proposital incompletude, como assinala Candido, seja de tal forma arrebatadora a ponto de fazer-nos lembrar um Borges ou um Kafka, nos seus melhores momentos, entre outras qualidades pela apresentação fragmentária, pelo sentido impreciso do enredo e pela suspensão súbita do relato.

Em *Memórias do Cárcere*, dizíamos, Graciliano indicará de forma insólita e inusual entre os escritores as fontes vivenciais autobiográficas de três dos melhores contos que encontramos em *Insônia*: "O Relógio do Hospital", "Paulo", e "Um Ladrão". Deter-nos-emos aqui nos dois primeiros[159] que, tendo por fundo o mesmo cenário hospitalar, parecem representar desdobramentos possíveis de uma mesma situação vivencial; trata-se de duas narrativas autônomas que tomam por base uma experiência comum.

Em 1932, enquanto escrevia *São Bernardo*, ao descer uma escada Graciliano pisou em falso num degrau, escorregou e caiu; da queda resultou uma dor incômoda na perna direita. Sem ligar, a princípio,

---

[155] Ramos, G. (1953), *op. cit.*
[156] Amado, J. (1975). *Mestre Graça*. Prefácio a *Viagem*, São Paulo: Record.
[157] Candido, A. (1992), *op. cit.*
[158] Ramos, G. (1947). *Insônia*. São Paulo: Record, 1977.
[159] O conto que dá título ao livro será objeto de análise no quinto capítulo deste estudo.

para o que não era mais que um desconforto persistente, Graciliano não pode deixar de dar à dor a atenção devida quando ela se agravou a ponto de comprometer-lhe a marcha, associando-se a estados febris que o impossibilitavam de pensar e de escrever. Submetido a exames, em Maceió, diagnosticou-se um abscesso na fossa ilíaca, e foi indicada a cirurgia imediatamente. Operado, Graciliano permaneceria por mais de quarenta dias no hospital, em difícil e prolongada convalescença. De sofrimentos físicos, fantasias, devaneios, visões e delírios, como ele próprio dizia, ali experimentados, irão jorrar, ao modo de uma secreção purulenta, "O Relógio do Hospital" e "Paulo".

O "Relógio do Hospital"[160] começa com o relato, na primeira pessoa, das estranhas idéias sucessivamente experimentadas por um paciente hospitalar após ser submetido a uma cirurgia que, como tudo indica, revelou um problema maior do que a princípio se esperava e não parece ter sido exatamente exitosa.

O paciente suspeita do médico que lhe diz, como se falasse a uma criança, que permanecerá ali não mais que duas semanas. Ele tem certeza de que viverá pouco e percebe alguns indícios de que não havia muita certeza de seu retorno ao quarto após a operação. Repara que ao deitar-se na padiola, antes da cirurgia, deixara os chinelos junto da cama, e que ao voltar da sala de operação não os viu mais. Uma auxiliar do médico examina-o e diz que seus sofrimentos serão grandes. Ele sente-se ainda atordoado e tem na mente imagens confusas sobre a intervenção, o tinir de ferros, máscaras, odores etc.

Ao fechar os olhos uma cara pavorosa o persegue. Trata-se de um rosto envolto em esparadrapo, sem olhos, com um buraco negro no lugar da boca, e manchas amarelas de um nariz purulento que ele vira de passagem durante o trajeto até o bloco cirúrgico: era o rosto de um indigente. Sem saber que tempo duraria o seu martírio, se 24 horas, até o depósito de seu corpo no necrotério, ou se seriam meses

---
[160] Ibidem, p. 37-49.

e meses a padecer, prepara-se, contudo, para os sofrimentos futuros que lhe haviam sido antes anunciados.

Essa inclusão do tempo na narrativa é acompanhada do surgimento da imagem de um relógio. Relógio que com suas pancadas fanhosas fere-lhe os ouvidos, aumentando ainda mais seu enorme desconforto. A imediata descrição de uma situação em que é auscultado por alguém, que não sabe exatamente quem é, alguém que se debruça sobre ele e encosta a orelha ao seu coração, é sugestiva da equação metafórica tempo-relógio-coração que sustentará, daí em diante, o curso da narrativa até o final.

Entre temores e tremores o operado vê chegar a noite, e a entrada das trevas pela janela, junto com o ruído da chuva contra as vidraças, permite-lhe cochilar durante alguns minutos; acorda, volta a dormir, um sono entrecortado por ruídos da rua e lamentos de outros pacientes. Nesse sono, no entanto, avultam as pancadas fanhosas do relógio: "Nunca houve relógio que tocasse de semelhante maneira. Deve ser um mecanismo estragado, velho, friorento, com rodas gastas e desdentadas (...)" Lembra-se então do avô, que na infância o repreendia com voz lenta, aborrecida e pigarreada[161]. "O relógio tem aquele pigarro de tabagista velho, parece que a corda se desconchavou e a máquina decrépita vai descansar (...)" Simultaneamente relata a atividade dos médicos e enfermeiros durante a noite, que o enrolam em algodões e ataduras e "esforçam-se por salvar os restos desse outro mecanismo arruinado"[162]. Sente-se perdido no tempo, não sabe há quantas noites está no hospital e lamenta a ausência dos chinelos, que se estivessem perto da cama lhe permitiriam sentir-se mais próximo da realidade. Agastado com a situação, deseja que as pessoas que o cercam se afastem, mas se isso acontecesse sentir-se-ia talvez abandonado, voltaria a lembrar-se da cara horrível, envolta em esparadrapo, daquele homem na enfermaria dos indigentes.

---

[161] Essa descrição é semelhante à que o autor faz do avô materno em *Infância*, quando apresenta sua família, e onde acrescenta ainda que a voz inicialmente lenta e pigarreada aos poucos se adocicava adquirindo a consistência da goma.
[162] Ramos, G. (1947), *op. cit.*, p. 41-42.

Na imagem do relógio condensam-se, como podemos observar, partes do corpo, habitantes do passado, fragmentos do eu e de seus outros, para sempre inscritos em transmutações sinestésicas e em representações substitutivas metonímico-metafóricas. A imagem do corpo se estilhaça e seus órgãos adquirem uma figuração autônoma, sincrética, anárquica, onde a imagem da ruína é dominante, ruína psicossomática de uma carcaça meditabunda congelada num tempo baço. Atravessam essa imagem muitas outras, que se sucedem num turbilhão de vivências fortemente evocativas de antigos sofrimentos, mas confusamente dispersas, marcando o esparso rastro de sentido numa carne que, em necrose lúcida, se desfaz em nuvens de reminiscências.

Em alguns momentos o operado inquieta-se com o silêncio que de súbito se instala no quarto. As pessoas não falam mais e parece que até o relógio se aquietou. No entanto, pensa ele: "Se o relógio parou, com certeza o homem do esparadrapo morreu. Isto é insuportável."[163]

A ressurgência intermitente do homem-do-esparadrapo é denotativa de um processo de multiplicação, de desdobramento dos duplos em triplos, em quádruplos, em inúmeras formas *self*-evocativas que, como assinala Mikhail Bakhtin[164] a propósito de Dostoievski, brotam da experiência viva do autor e vão articulando o universo narrativo de personagem em personagem, de voz em voz, numa estridente polifonia que constitui o *com-texto*. Essa deverá, no entanto, preservar a ascendência intencional do autor sobre os personagens, a sua "exotopia"[165], lugar que, por mais próximo e imerso que se encontre, por identificação, no herói ou nos demais personagens, possibilita-lhe reorientar a trama ou permite-lhe o uso útil da memória vivencial de forma a preservar o campo ficcional, campo que se mostra em Graciliano, como também em Dostoievski ou em Sartre, num iminente estado de colapso – conseqüência do forte acento autobiográfico do personagem principal.

---

[163] Ibidem, p. 43.
[164] Bakhtin, M. (1997). *Problemas da poética de Dostoiévski*. Rio de Janeiro: Forense Universitária.
[165] Bakhtin, M. (1992). *Estética da criação verbal*. São Paulo: Martins Fontes.

O relógio do hospital, porém, volta a funcionar. O relógio pigarreante. O coração será reativado; o homem-esparadrapo ressuscitou. "Felizmente o homem do esparadrapo vive"[166], alivia-se o narrador. Mas é neste exato momento, entretanto, que ele afunda-se mais perigosamente no real (na acepção lacaniana da palavra), ou naquilo que consigo arrasta de mais orgânica e elementarmente animal, âmbito da coisa, tal como sugerem as imagens que agora perpassam a sua consciência crepuscular.

O quarto despovoou-se de pessoas, e no lugar delas, no silêncio que deixaram, as notas compridas enrolam-se pelo chão como cobras[167], arrastam-se em direção a sua cama e sobem por ela aterrorizando-o mais ainda:

> Agora só há bichos, formas rastejantes que se torcem com lentidão de lesmas. Arrepio-me, o som penetra-me no sangue, percorre-me as veias, gelado. (...) Há uma noite profunda, um céu pesado que chega até a beira de minha cama. As coisas pegajosas engrossam, vão enlaçar-me nos seus anéis. Tento esquivar-me ao abraço medonho, revolvo-me no colchão, grito[168].

O ensaiado enlace da morte, o experimentá-la na carne em efêmera antecipação de passamento, tem o efeito de desumanizar de súbito o mundo pessoal do narrador, abolindo as recordações, imagens e afetos que humanamente o devem sustentar. Ele parece ir até o extremo das possibilidades do que, na falta de designação mais apropriada, sugeriríamos denominar de "materialma" – numa tentativa de transposição literária do conceito psicanalítico de psicossoma, cuja tecnicidade o torna inadequado para o uso neste contexto. A ausência

---

[166] Ramos, G. (1947), *op. cit.*, p. 43.
[167] Atente-se ao deslocamento do significante "corda" (corda, cobra etc.) referido no primeiro capítulo, e às particularidades da constituição da cadeia significante, a qual abordaremos mais detidamente no capítulo quatro, por ocasião da análise do romance *Angústia*.
[168] Ramos, G. (1947), *op. cit.*, p. 43.

do hífen tem a proposital intenção de colocar fenomenologicamente em imagem um gesto ontogênico, o movimento de síntese do eu, síntese espiritual-sensual como dizia Kierkegaard[169], em que a unidade do *self* é permanentemente buscada.

Num esforço derradeiro, o operado consegue manter suspenso o fio tênue que agora o liga à vida. Aos poucos as figuras atenciosas, os que o cercam, cuidam dele e o enfadam reaparecem, exibindo seus lívidos semblantes. Repare-se, porém, que novamente aqui a lividez está nos outros, nestas alteridades desfiguradas e disseminadas no esforço supremo de reestabelecimento do mundo humano que fenece. É a possibilidade de encontrar a própria miséria física e psíquica num outro humano que permite e sustenta o tensionamento desses fios vibrantes, pelos quais o personagem se liga a um entorno simbolicamente articulado. O eu é sustentado pela representação viva da morte no Outro (uma possivel alusão à mãe melancólica do autor, *mère morte*[170], a que nos referimos já no capítulo anterior, no contexto da análise de *Infância*).

Ele diz: "Há um rio enorme, precipícios sem fundo – e seguro-me a ramos frágeis para não cair neles". Sente-se caindo rápido, mas a queda não o conduz à morte, ele é envolvido por um arremesso regressivo que o reinstala, incrédulo, no ambiente familiar da sua infância.

> Ouço trovões imensos. Volto a ser criança, pergunto a mim mesmo que seres misteriosos fazem semelhante barulho. Meus irmãos pequenos iam deitar-se com medo, minhas tias ajoelhavam-se diante do oratório, a chama das velas tremia (...) um sussurro de preces enchia o quarto de santos[171].

---

[169] Kierkgaard, S. (1849). *O desespero humano: doença até a morte*. São Paulo: Abril Cultural, 1979.

[170] Conferir o brilhante ensaio de André Green com esse título, em *Narcisismo de vida, Narcisismo de Morte*. São Paulo: Escuta, 1988.

[171] Ramos, G. (1947), *op. cit.*, p. 44.

Veja-se que a cena infantil descrita não revela, no entanto, um ambiente capaz de oferecer a proteção buscada; ao invés disso, é quase uma reencenação da falência do Outro, o subjétil primordial que em psicanálise já se propôs também denominar de *selfobjeto*[172], e que em sua suposta e necessitada excelência sustenta – real e imaginariamente – um eu que ensaia o seu gesto ontológico original (o *spontaneous gesture* de Winnicott[173]). A imagem dos pais que Graciliano esboça em *Infância*, sua autopaidografia, é totalmente compatível com essa imagem extrema do desamparo: o pai brutal e irascível, que o espancava continuamente, e a mãe lamuriosa, hipocondríaca e desumana.

As tias suplicantes da infância do operado confundem-se, em sua fragilidade e impotência, com os que agora cuidam dele pouco confiantes na sua sobrevivência. Ele se pergunta porque chiam estes que o cercam. Estarão rezando? Mas, se agora não há trovões...? "Acham-me com certeza muito mal, pensam que vou morrer, procuram decifrar as palavras incoerentes que larguei no delírio. Envergonho-me."[174] A suspeita sobre a consistência do cuidado que recebe faz com que ele busque recompor-se, reintegrar-se; sente-se envergonhado de confiar-se assim a quem talvez não possa sustentá-lo no estado agônico. Ele procura falar, mas a linguagem some, as dores o dominam, a fraqueza o paralisa. Como os chinelos não lhe foram ainda devolvidos, ele se supõe há dias entre a vida e a morte e autoprognostica-se uma eternidade de martírios.

Dividido entre o anseio de automanter-se – prescindindo do outro – e o da rendição total, ouve gritos agudos de uma criança, que lhe rasgam os ouvidos como pregos. Aos poucos, porém, identifica os gritos com gemidos provindos da enfermaria dos indigentes e imagina que talvez seja o homem-do-esparadrapo que chora. (Note-se como as imagens do desamparo se sucedem, substituem, multiplicam e

---

[172] Kohut, H. (1971). *Analisis del self – tratamiento psicoanalitico de los trantornos narcisistas de personalidad*. Buenos Aires: Amorrortu, 1977.

[173] Winnicott, D. W. (1971). *Playing and Reality.*Tavistock, London.

[174] Ramos, G. (1947), *op. cit.*, p. 44.

sincretizam). Levando agora as mãos ao rosto, para fechar os ouvidos aos terríveis guinchos, o operado descobre o próprio choro lhe escorregando entre os dedos. Os uivos da criança recomeçam, suas dores crescem e ele tem então "certeza de que os médicos atormentam um pequenino infeliz". Debate-se tenazmente entre o desejo de restabelecer-se e o de que a ferida o mate de uma vez. Pensa, desoladamente, nos dois meses prognosticados:

> (...) dois meses de tortura, um tubo de borracha atravessando-me as entranhas, visões pavorosas, os queixumes dos indigentes que se acham junto ao homem dos esparadrapos. Duas mil oitocentas e oitenta vezes o relógio caduco de peças gastas rosnará, ameaçando-me com sentimentos funestos.[175]

Os gritos da criança elevam-se novamente e, no seu delírio, o operado indaga em voz alta à enfermeira porque molestam assim essa criança; mais tarde pergunta-lhe como está passando o menino, mas quando a enfermeira responde-lhe que o menino vai bem ele suspeita que ela procura iludi-lo: "Há um cadáver miúdo perto daqui, vão despedaçá-lo na mesa do necrotério, os serventes levarão a roupa suja para a lavanderia. Um colchão pequeno dobrado na cama estreita."[176] Aos poucos, porém, convence-se de que os ruídos do relógio, da criança, do homem-do-esparadrapo, dos ferros no autoclave, dos carros na rua são preferíveis ao silêncio, que "o silêncio é de mau agouro. Quando ele se quebrar, uma infelicidade surgirá de repente, não poderei livrar-me dela"[177], e logo horroriza-se com a imagem de um pequeno cadáver se transformando em peças anatômicas.

---

[175] Ibidem, p. 46. Com essas mesmas palavras, como se verá, Graciliano irá descrever as circunstâncias que envolveram essa cirurgia ao relembrá-la com um propósito "realista" em *Memórias do Cárcere*. Não há aqui ornamentação alguma da narrativa literária; nesse preciso ponto autobiografia e ficção são totalmente coincidentes. O personagem é explícita, mas inconfessadamente, o autor.
[176] Ibidem, p. 47.
[177] Ibidem, p. 47.

Entretanto, o velho relógio começou a movimentar-se, a mexer-se e a viver. O operado dá agora discretos sinais de começar a reassumir o cuidado de si; fechando os olhos ele diz a si mesmo que se fatiga à toa, fatos que pareciam importantes tornam-se mesquinhos, a desgraça não veio, e ele inicia, então, no seu retorno do mais profundo dos mergulhos na carne e no passado[178], a imaginar que irá com sorte restabelecer-se, voltará a andar nas ruas, a freqüentar os cafés, e só não se sente plenamente seguro da sua breve e plena recuperação porque os chinelos ainda não retornaram à beira da cama.

> Se não tivessem levado os chinelos, convencer-me-ia de que não estou muito doente (...) Procuro dormir, esquecer tudo, mas o relógio continua a martelar-me a cabeça dolorida (...) tenho a impressão de que o pêndulo caduco oscila dentro de mim, ronceiro e desaprumado[179].

É um renascer titubeante, uma oscilação ainda temível entre o nada e o ser, trevas e luzes; os infelizes lamuriantes se calaram, os sofrimentos atenuaram-se, mas ele agora se sente um velhinho, a "face descavada", a barba rala, as pernas finas "como cambitos" movem-se sobre as calçadas; pernas que, arriscamos imaginar, poderiam ser também as de uma criança que ensaia a marcha, cambaleante, e que descobre no mesmo gesto que a estabelece espacialmente no mundo o comum mandado de viver.

As imagens mais e mais irão assim vinculando-o à vida; a imagem de uma mulher despindo-se lhe vem à mente, uma mulher que canta, despreocupada, enquanto tira a roupa sem aperceber-se do constran-

---

[178] Talvez, quanto mais sejamos apenas "carne", mais no começo da existência nos devamos encontrar. Recorde-se, nesse sentido, o ponto final do delírio de Brás Cubas na sua viagem à origem dos tempos, quando se encontra com a imagem da Natureza, limiar de um estado desmentalizado no qual são coincidentes, como representação arcaica da imago (Outro) a mulher, a vida e a morte (Assis, M. [1857] *Memórias póstumas de Brás Cubas*. Obra Completa, Jackson, 1957).

[179] Ramos, G. (1947), *op. cit.*, p. 48.

gimento do homem que se atrapalha para desatar os sapatos – o tempo é tenazmente marcado por um relógio, mas é um outro relógio, o tempo dos ponteiros de um despertador que trabalha muito depressa, rápido demais para os movimentos desajeitados das mãos desatando os sapatos.

Essa mesma cena, a original, está relatada *ipsis verbis* em "Laura", último capítulo de *Infância*[180], onde Graciliano descreve um tanto envergonhadamente sua iniciação sexual traumática com a prostituta Otília da Conceição; cena que aparecerá discretamente modificada também em *Angústia*[181], seu romance mais festejado, e que se passa entre Luís da Silva, personagem principal, e uma "mulher da vida" de Maceió.

A essa cena segue-se, na cadeia de imagens do convalescente, uma outra originalmente descrita também em *Infância*, onde nos é apresentada como parte da narrativa autobiográfica[182], em que um professor rigoroso e enfadonho explica a lição a uma criança em voz monótona e dura – suplício experimentado por Graciliano ao deparar-se com a cartilha, sob ensinamentos e pancadas do próprio pai, e logo de diversos professores e professoras igualmente insensíveis e austeros, após aquele haver chegado a considerá-lo definitivamente doido e desistir de vez de ensiná-lo a ler[183].

A terceira imagem que o narrador relata em seqüência é a de um "político influente" que lhe entrega uma carta de recomendação. Esta cena é recorrente em Graciliano Ramos; nós a encontraremos também em mais dois contos de *Insônia*, intitulados "Um pobre diabo" e "Dois dedos". Como em "O relógio do hospital" e "Paulo", esses

---

[180] Ramos, G. (1945), *op. cit.*, p. 247- 254.
[181] Ramos, G. (1936), *op. cit.*
[182] No sentido da assunção de um "pacto autobiográfico", tal como o define Lejeune (1975) determinado por uma inicial exposição do autor ao leitor do propósito de autodizer-se o mais fielmente possível, e de que o nome constante na capa do livro, sob o título, deverá coincidir com o do narrador e com o do protagonista.
[183] Não será inoportuno relembrar aqui a constante preocupação de Graciliano Ramos com a educação e os importantes cargos ligados ao ensino que ele ocupou, antes e depois da prisão, nos âmbitos estadual e federal.

outros dois contos compreendem um mesmo cenário onde homens humildes, açoitados pelas intempéries da vida e submetidos a grandes privações, acorrem a políticos influentes em busca de empregos ou de cartas de referência, submetendo-se para isso à indiferença e aos caprichos da autoridade por quem são, finalmente, despachados sem obter favor algum.

A figura do "pobre diabo", imagem na qual, conforme afirmei antes, Graciliano se reconhecia tanto na ficção como na confissão, evoca prontamente a sua história como funcionário público, a quem os favores recebidos e os empregos conquistados sempre pareceram indignos por atenderem a critérios políticos, a simpatias, a camaradagens, como ele francamente revela em *Memórias do Cárcere*[184] e como anedoticamente documenta a partir do relato de uma experiência pessoal com um "pistolão" em *Linhas Tortas*[185], numa crônica intitulada "O Sr. Krause", de 1939. Não cometeríamos nenhum excesso, portanto, ao supor ser essa a descrição de uma cena realmente vivida e produtora de repulsa ética no autor, sabidamente obstinado por justiça, legitimidade, competência e retidão.

O segundo conto que analisaremos, "Paulo"[186], está também ambientado num semelhante contexto pós-operatório hospitalar. Mantém o mesmo ponto de vista narrativo, é enunciado na primeira pessoa e, em consonância com a maior parte dos textos ficcionais de Graciliano, adota uma perspectiva típica do memorialismo.

A ambiência é rapidamente esboçada pelo narrador de início: "Pedaços de algodão e gazes amarelas de pus enchem o balde. Abriram todas as vidraças. E no calor da sala mergulho num banho de suor."[187]

O conto principia em meio a um estado de exasperação do operado frente à suposta presença de crianças barulhentas no quarto. "As

---

[184] Ramos, G. (1953), *op. cit.*
[185] Ramos, G. (1962). *Linhas tortas*. Rio de Janeiro, São Paulo: Record, 1994, p. 176.
[186] Ramos, G. (1947), *op. cit.*, p. 51-60.
[187] Ibidem, p. 51.

crianças estiveram a correr no chão lavado a petróleo." Ele pede que as retirem dali dizendo que é impróprio mostrar-lhes um corpo que se desmancha e apodrece em meio ao pus, numa cama de hospital. Ao corpo que ameaça desmanchar-se põe-se logo em contraponto uma imagem de mulher, que terá talvez feito parte da vida do narrador (o Outro), mas cuja figura tende também a desagregar-se em partes e a desdobrar-se imaginariamente em súbitas aparições. Ela desaparece e reaparece em meio à neblina densa da sala.

O operado queixa-se constantemente do barulho no interior do quarto, que se assemelha a uma praça de diversões para ele e, como no conto anterior, deseja que todos se retirem e que o deixem finalmente em paz. Reconhecendo a imagem familiar como compondo as feições da sua mulher, o operado sente que tem algo a lhe dizer, mas teme que ela não o possa entender. Pede-lhe, porém, que chame o médico e que o levem para a enfermaria dos indigentes. Ela o olha espantada, a testa enruga-se. Ele insiste, e essa exigência encontra sua lógica no sentimento de estar grave e irrecuperavelmente mutilado que o paciente agora experimenta, equiparando-se imaginariamente aos indigentes anteriormente referidos.

Ele diz, então, à mulher que uma grande ferida ocupa todo o lado direito de seu corpo, que esse lado está totalmente inutilizado e que deve-se, por conveniência, suprimi-lo:

> A minha banda direita está perdida, não há meios de salvá-la. As pastas de algodão ficam amarelas, sinto que me decomponho, que uma perna, um braço, metade da cabeça, já não me pertencem, querem largar-me. Por que não me levam outra vez para a mesa de operações? Abrir-me-iam pelo meio, dividir-me-iam em dois. Ficaria aqui a parte esquerda, a direita iria para o mármore do necrotério. Cortar-me, libertar-me deste miserável que se agarrou a mim e tenta corromper-me[188].

---

[188] Ibidem, p. 55.

Tal revelação, impetuosamente feita à mulher, faz com que logo o operado se arrependa, ele crê que não deveria ter-lhe revelado o "intruso", será impossível para ela entendê-lo, entender que um indivíduo aderido a ele o faz sofrer e deva ser removido cirurgicamente. Certamente "é parte do delírio", irá pensar sua mulher; vai novamente preocupar-se com a loucura que o acomete, ela que o supunha melhor agora. Fecha então os olhos; talvez possa fazê-la pensar que falou em sonho enquanto dormia. De olhos fechados ele recorda sua "vida de barata" e as humilhações e ódios que marcaram suas relações com os outros, com o mundo, um mesmo sujeito que se multiplicava em muitos[189].

A escuta com ouvidos psicanalíticos de tal discurso faria transparecer a metáfora da podridão, da decomposição orgânica, que se abstraindo à possibilidade de enunciação simbólica dos padecimentos morais, corporifica-se progressivamente num delírio cenestésico, ou proprioceptivo, onde o corpo ex-posto, e não mais o *self* psíquico, converte-se em depositário exclusivo de toda dor.

Os "outros" depreciadores do eu e os aspectos desprezíveis do próprio eu tendem a ser descartados, extrojetados, foracluídos[190] pela construção da idéia restitutiva delirante. O sujeito vive a convicta ilusão de se ver livre daquela parte de si que lhe é menos aceitável e mais odiosa; ele "rechaça para o mundo a desordem que compõe o seu ser"[191], livra-se do seu *kakon*, pela operância de um mecanismo cisional (*Spaltung*) que os padecimentos físicos ou psíquicos extremos podem, não incomumente, favorecer no doente. O "outro" imaginário que habita o centro do delírio não se presta a descrições precisas, não é capturável pela linguagem, é esquivo à fala, e algo de informidade e de parcialidade parece caracterizá-lo.

---

[189] Veja-se a caracterização evocativa dos protagonistas de Kafka em *A metamorfose* (Kafka, F. *A metamorfose*. In: *A colônia penal*. São Paulo: Exposição do Livro, 1965) e de Dostoievski em *Memórias do subsolo* (Dostoievski, F. *Obras completas*. Rio de Janeiro: José Olympio, 1962).

[190] Incluídos fora, seguindo a tradução proposta por Roudinesco (1997) para *forclusion*, mecanismo específico da psicose descrito por Lacan em 1956 e "através do qual se produz a rejeição de um significante fundamental para fora do universo simbólico do sujeito".

[191] Lacan, J. (1966). A agressividade em psicanálise. In. *Escritos*, p.117.

O doente insiste: "O homem que se apoderou de meu lado direito não tem cara e ordinariamente é silencioso. Mas incomoda-me. Defendo-me, grito palavrões, e o sem-vergonha escuta-me com um sorriso falso, um sorriso impossível, porque ele não tem boca."[192] Frente à impossibilidade de tornar aceitável aos outros este duplo apodrecido, de nome Paulo, o doente espera ser entendido por algum dos que o cercam com a manifesta pretensão de oferecer-lhe cuidados. Queixa-se do médico e de Paulo à mulher, mas como ela não consegue saber quem seja Paulo, ele irrita-se com todos e desacredita que estejam empenhados em oferecer-lhe o melhor: "A enfermeira tem caprichos esquisitos, o médico não perceberá que é necessário operar-me de novo, minha mulher franze a testa e arregala os olhos ouvindo as coisas mais simples."[193]

Propõe-se então a explicar, em tom de discurso, a todos quem é Paulo, mas, sentindo-se incapaz de convencer alguém, desiste e despreza igualmente a inteligência de todos. Dá-se conta de que realmente Paulo é inexplicável, e é inexplicável principalmente por seu amorfismo, sua atopia; falta-lhe um rosto, sua carne é essa que, imobilizada, se decompõe minuto a minuto sobre a cama. Mas Paulo sorri, um sorriso medonho, amarelo e desdentado. O operado congela-se, seus dentes "batem castanholas", as mãos de médicos e enfermeiros apertam os braços do paciente, buscam suas artérias, o murmurinho do quarto o faz imaginar-se em um ninho de abelhas que lhe aplicam ferroadas terríveis pelo corpo.

A transformação do sofrimento psíquico capaz de produzir um abalo narcísico inassimilável (por um colapso da identidade, compreendendo a imagem de si e imagem do Outro) em um delírio corporal é admiravelmente ilustrada pela seguinte passagem, na qual as dores físicas e as dores morais são equalizadas dando origem à "neo-realidade"[194] que é pelo eu sofrente batizada de Paulo:

---

[192] Ramos, G. (1947), *op. cit.*, p. 56.
[193] Ibidem, p. 57.
[194] McDougall, J. (1983). *Em defesa de uma certa anormalidade.* Porto Alegre: Artes Médicas.

Os dedos seguram-me, tenho a impressão de que Paulo me agarra. Um rumor enfadonho, provavelmente reprodução de maçadas antigas, berros de patrões, ordens, exigências, choradeiras, gemidos, pragas, transformam-se num sussurro de abelhas que Paulo me sopra no ouvido[195].

O doente agita a cabeça para livrar-se do zumbido inoportuno, começa a reconhecer que sua mulher tem em parte razão quando esforça-se por fazê-lo contatar com pedaços de realidade, quando insiste com remédios, comida, amigos. Ele deve resistir às idéias estranhas que subitamente o assaltam. Se tiver êxito nisso poderá curar-se e voltar a andar pela rua como os outros. Começará apoiando-se em muletas pelos corredores do Hospital, depois sairá à rua com a perna encolhida, com uma bengala, e por fim poderá até mesmo reaprender a subir nos bondes e reencontrar antigos conhecidos – evitando apenas um deles, por ser espírita, fazer gestos estranhos e dizer coisas que ele não compreende e que o assustam: João Teodósio (ou seja, afastar-se definitivamente dessas coisas que, não fazendo parte da "realidade", favorecem o reencontro com os fantasmas e com as idéias "loucas" que ele busca agora aflitivamente debelar).

O operado busca, então, regulamentar previamente a vida que terá após sair do hospital: "Entrarei nos cafés, conversarei sobre política. Uma, duas vezes por semana, irei com minha mulher ao cinema. De volta, comentaremos a fita, papaguearemos um minuto com os vizinhos na calçada. Não nos deteremos diante da porta de João Teodósio."[196]

Ocorrem-lhe diferentes idéias sobre como comportar-se frente a Teodósio, que no plano da realidade compartilhada parece corresponder ao Paulo do universo fantasmagórico. As dores na ferida, porém, aumentam, sobrevém-lhe um acesso de tosse e o tubo de borracha que lhe atravessa a barriga fustiga-o como um punhal.

---

[195] Ramos,G. (1947), *op. cit.*, p. 58.
[196] Ibidem, p. 58.

Ele pede água para a enfermeira, mas engasga-se ao bebê-la e os soluços parecem rasgá-lo, afundando o punhal nas entranhas. Com o aumento da dor, imediatamente Paulo reaparece.

É Paulo, agora, quem manipula o punhal; ele quer assassiná-lo. O operado sente-se então abandonado por todos, até pela mulher, e o assassino afunda-lhe a faca na ferida. Ele tenta desculpar-se com Paulo, argumenta que não o conhece, que não tem motivo para matá-lo, que foi toda a vida um infeliz, um miserável, caindo e levantando-se; sabe, no entanto, que tudo isso é mentira, que conhece Paulo desde sempre e que deseja, mais que tudo, que o operem e o livrem definitivamente dele. Acredita mesmo que, se tal procedimento for realizado, ele poderá por fim ser um homem feliz: "Sairei pelas ruas, leve, e o meu coração baterá como o coração das crianças. Paulo ficará na mesa de operações, continuará a decompor-se no mármore do necrotério."[197] Dá-se conta, porém, que o que está a dizer é falso e que Paulo sabe disso tanto quanto ele; Paulo curva-se e olha-o fundo nos olhos espalhando pela sala "um sorriso repugnante e viscoso que treme no ar". Ele se sente desmaiar, seguram-lhe novamente o braço e o punhal volta a revolver-se no interior da chaga.

Buscando manter o permanente contraponto – a partir do qual se desenvolve nossa investigação – entre a documentação autobiográfica e a narrativa ficcional, poderemos encontrar na obra memorialista de Graciliano Ramos notícias do autor acerca das circunstâncias vivenciais em que foram literariamente concebidos os dois textos que acabamos de interpretativamente resenhar.

É no capítulo quatro do quarto livro de *Memórias do Cárcere* ("Casa de Correção"[198]) que Graciliano nos oferece a mais detalhada explicação da origem dos dois contos que abordamos neste capítulo. As dores resultantes da cirurgia pélvica, constantemente aludidas por Graciliano ao longo desse livro, representaram mais uma tortura física que, durante quase um ano, coadjuvou o suplício moral

---

[197] Ibidem, p. 60.
[198] Ramos, G. (1953), *op. cit.*, p. 181-303.

ocasionado pela detenção injustificada e pelo convívio em condições as mais abjetas com os limites distendidos do mundo humano. Transcrevemos a seguir o parágrafo pelo qual se inicia o capítulo mencionado:

> A lembrança do hospital se agravava quando me abatia preguiçoso no colchão, de barriga para cima, a olhar os casebres do monte, os indivíduos que subiam e desciam a ladeira vermelha. E o desejo me chegou de narrar sonhos, doidice, rumor de ferros na autoclave, os gritos horríveis de uma criança, um rosto sem olhos percebido na enfermaria dos indigentes e as ronceiras pancadas de um relógio invisível. Já me surgira a idéia de escrever isso, voltava agora com insistência. Naquele tempo, no delírio, julgava-me dois. A parte direita não tinha nada comigo e se chamava Paulo. Estava podre. Clemente Silveira poderia facilmente separá-la de mim, serrar-me pelo meio, deixar o lado ruim no mármore do necrotério, deixar o outro viver. Essa estupidez, que me assaltara na Colônia, regressava com força grande, impunha-se. Homem sem olhos, pavorosa máscara de esparadrapos, horas a pingar fanhosas num relógio invisível; o pensamento louco de conseguir desdobrar-me, enviar ao cemitério a banda estragada. Porcaria. Enfim a necessidade urgente de escrever dois contos: pegar de qualquer jeito o relógio do hospital e Paulo[199].

A idéia de produzir contos a partir dessa dolorosa experiência parece haver-se intensificado no período final da cadeia. Graciliano assim descreve, nesse mesmo capítulo de *Memórias do Cárcere*, o começo da sua redação:

> Perto dele, de Pompeu Accioly, entrei a mexer no relógio do hospital, vagaroso. Vagarosos, eu e o relógio. O tique-taque se arrastava com preguiça, e a composição também rolava assim. Duas, três linhas, suspensão e bocejos. Desviava-me da folha, distraía-me ouvindo os

---
[199] Ibidem, p. 198.

comentários de Pompeu Accioly ao jogo famoso de Capablanca. Imergia depois no trabalho, jogava com esforço no papel o homem sem olhos, máscara de esparadrapo vista na enfermaria dos indigentes, a agonia da criança, os ferros na autoclave, delírios e impertinência do mecanismo roufenho e desconchavado.(...) A composição me trazia enorme cansaço, deve ter rolado bem uma semana. De quando em quando emperrava.

Da sua conclusão dá testemunho a seguinte passagem ao fim do mesmo capítulo: "Duas semanas, ausentes os encadernadores, ia isolar-me na sala atravancada, apossava-me de uma banca pulverosa e embrenhava-me a custo em sofrimentos velhos. Findei o 'Relógio do Hospital' e o desvario que me desdobrara. Iniciei o terceiro conto." [200]

Através de consulta ao *Catálogo de Manuscritos do Arquivo Graciliano Ramos*[201] constatamos que "Paulo" foi concluído antes, estando os dois contos datados de 9 e 23 de julho de 1936, respectivamente.

Além de *Insônia*, também *Infância*, livro de memórias infantis que segundo Álvaro Lins é o melhor escrito de toda a obra, foi intelectualmente concebido na prisão. *Angústia*, que já estava pronto antes da detenção de Graciliano, foi publicado durante este período, no segundo semestre 1936. Sobre tais circunstâncias ele nos dá uma idéia aproximada ao referir-se, em *Memórias do Cárcere*, aos contatos com Jorge Amado e José Lins do Rego, os dois amigos que tratavam de seus interesses junto à editora José Olympio, estando ele disso impossibilitado.

Nessa tentativa de articulação entre a matriz vivencial de um texto – a experimentação em carne própria de suplícios ou satisfações investidos de potencialidade literária – e a narrativa ficcional que dela eventualmente se origina (cujas relações não são tão comumente visíveis a olho nu), temos o propósito não só de ressaltar as potencialidades da teoria e da crítica literária como disciplinas e instrumentos úteis à investigação psicanalítica e os benefícios

---

[200] Ibidem, p. 199.
[201] Lima, Y. D. e Reis, Z. C. (1992). *Catálogo de Manuscritos do Arquivo Graciliano Ramos*, EDUSP, São Paulo.

clínicos que tal exercício é capaz de produzir. Freud já o sabia quando escreveu *O múltiplo interesse da psicanálise*[202], na medida em que apontava ali a História da Literatura e a Filologia como algumas das ciências anexas à psicanálise investidas de maior utilidade heurística para a primeira. E Lacan, que foi o maior pensador transdisciplinar que a psicanálise pós-Freud conheceu, reafirmou também o original propósito freudiano em seu impactante e complexo *Discurso de Roma*[203], em que se ocupou do campo e da função da fala e da linguagem em psicanálise privilegiando sempre uma perspectiva intertextual.

A principal meta de nosso argumento, porém, será talvez representada pelo empenho em desencorajar toda e qualquer psicanálise da personalidade do autor realizada "através" do texto ficcional. Tal ingenuidade epistêmica no uso do instrumento, mais além da já apontada incorreção ética, revela ser produto de um comum desconhecimento por parte do psicanalista das óbvias distinções entre o lugar do autor, o lugar do narrador e o lugar do personagem na narrativa literária. Psicanalisar um texto literário como se ele fosse sempre um livro de memórias, ou uma autobiografia, é desconsiderar as condições possíveis nas quais se apóia sua construção e as implicações das noções de autor (sujeito da escrita), narrador (sujeito da enunciação) e personagem (sujeito do enunciado) como demarcadores de tempos, espaços e significados que não possuem uma essencialidade isomórfica. Philippe Lejeune[204] ao definir o "pacto autobiográfico" insiste no ponto de que uma obra só poderá ser rotulada como autobiográfica se houver a explícita enunciação, por parte do escritor, de que o nome do autor que está na capa designa igualmente o narrador e o personagem principal, devendo haver, portanto, uma coincidência de identidades.

---

[202] Freud, S. (1913). *El multiple insterés del psicoanalisis*. Madrid: Obras Completas, Biblioteca Nueva, 1973.
[203] Lacan, J. (1953). Função e campo da fala e da linguagem em psicanálise. In: *Escritos*, Rio de Janeiro: Jorge Zahar Editor, 1995.
[204] Lejeune, P. (1975). *Le pacte autobiographique*. Paris: Seuil.

É justamente por desrespeitar esse princípio que, como advertimos no início, a assim chamada "psicanálise aplicada" tem sido responsável por um uso abusivo, invasivo e incorreto do instrumento psicanalítico, ao pretender acessar os compartimentos íntimos da personalidade do autor, ou as configurações conflitivas que se abrigam no mais privado reduto do seu eu, a partir do estudo de personagens que são, às vezes ligeiramente, tomados como autobiográficos por conta e risco do leitor.

Ocorre-nos aqui a lembrança de uma ocasião em que, havendo enviado para uma importante revista psicanalítica um estudo sobre os desvios sexuais escrito a partir de uma novela de Sartre[205], recebemos de um dos avaliadores a sugestão de aprofundar a análise de modo a envolver nela inteira e profundamente a pessoa real do autor. Estaríamos a fazer uma análise tímida limitando-nos ao personagem, uma vez que ele "evidenciava" uma intrínseca afinidade com a história "real" do autor, privado de pai e entregue desde cedo aos carinhos excessivos de uma mãe sexualmente frustrada, que se satisfazendo incestuosa e perversamente através do filho também o desvirilizava. Concluía o colega revisor indagando ainda, espirituosamente, se Leonardo da Vinci tornara-se menos Leonardo da Vinci depois da análise "profunda" a que Freud o submetera[206].

Pensamos de imediato em responder-lhe que Freud fora talvez mais feliz em seu estudo da *Gradiva* de Jensen[207], em que se restringiu ao exame da trama e dos personagens para ilustrar magistralmente a ação do processo repressivo e dissociativo, do retorno do reprimido e das estratégias terapêuticas recomendáveis na abordagem das convicções delirantes, ou no *Caso Schereber*[208], em que eminente

---
[205] Graña, R. (1995). *Além do Desvio Sexual: teoria, clínica, cultura*. Porto Alegre: Artes Médicas, 1995.
[206] Freud, S. (1910). *Un recuerdo infantil de Leonardo de Vinci*. Obras Completas, Madrid: Biblioteca Nueva, 1973.
[207] Freud, S. (1907). *El delirio y los sueños en la Gradiva de W. Jensen*. Obras Completas, Madrid: Biblioteca Nueva, 1973.
[208] Freud, S. (1910). *Observaciones psicoanalíticas sobre un caso de paranoia autobiograficamente descrito*. Obras Completas, Madrid: Biblioteca Nueva, 1973.

magistrado expõe minuciosamente seu sistema delirante, e de alguma forma solicita o olhar e a reflexão do leitor em geral sobre as origens do seu padecimento pessoal, através do único texto autobiográfico que na época poderia produzir, ou ainda no admirável estudo sobre *Cristovão Haitzmann*[209], pintor pouco conhecido do século XVII, que durante episódios psicóticos recorrentes era cuidado pelos monges do mosteiro de Mariazell, a partir de cujas notas Freud realizou, segundo cremos, seu mais penetrante estudo sobre o complexo paterno. Mas não sendo suficientemente motivados, nem para responder à crítica do revisor nem para reescrever o trabalho atendendo a tão bizarra sugestão, desistimos ocasionalmente de publicá-lo naquela revista utilizando-o mais tarde com outra finalidade, atendendo a diferentes critérios editoriais.

O estudo técnico da literatura, o conhecimento da teoria da literatura e da crítica literária, previnem-nos contra tais gafes epistemo-metodológicas e indicam-nos a atitude condizente com os princípios e regras úteis ao uso de instrumentos tão particulares como a análise literária ou a crítica literária psicanalítica, e é isso o que nos leva a insistir sempre na fecundidade de um diálogo transdisciplinar continuado entre psicanálise e literatura, como também entre psicanálise e filosofia, no qual o conhecimento dos fundamentos do que fazemos nos poderá proteger do afã conjeturista e do cientificismo positivista que certas correntes ditas psicanalíticas se encarregam hoje de propagar.

Outro procedimento certamente problemático é o que se propõe à interpretação de textos literários com base na consulta a um catálogo de símbolos, pretendidamente universais, que uma vez aparecidos na narrativa deverão ser interpretados a partir de seu suposto sentido "unívoco", o que determinará, por sua vez, todo um contexto de significações implicadas por cuja consideração se deverá balizar a análise do texto a partir de então. Assim, em *Chapeuzinho Vermelho*, os bombonzinhos representarão fezes, os moranguinhos a menstruação,

---

[209] Freud, S. (1922). *Una neurosis demoníaca del siglo XVII*. Obras Completas, Madrid: Biblioteca Nueva, 1973.

o lobo mau o papai incestuoso, o bosque os pelos pubianos incipientes etc. Veja-se, pois, que nem mesmo alguns dos mais distintos representantes dessa disciplina, mal dita "psicanálise aplicada", estarão livres de tais incorreções de princípio. Essas impropriedades adquirem dimensões verdadeiramente espetaculares, senão temíveis, em certos textos de inspiração jungiana, kleiniana e annafreudiana, nos quais o absolutismo dos símbolos produz um "arredondamento semiológico" ou um "fechamento hermenêutico" que é em tudo oposto ao que a psicanálise freudiana sempre preconizou.

A crítica psicanalítico-literária de um texto escrito deverá tomá-lo na perspectiva em que o mesmo intencionalmente se propõe. Se o que se nos oferece é uma novela, um romance, um conto, operemos, pois, analiticamente e interpretativamente sobre o enredo, os personagens, a ambiência. Se o texto, porém, se apresenta como declaradamente autobiográfico, somos de alguma forma convidados, como o leitor em geral, a utilizar-nos dos recursos críticos de que dispomos para dirigir-nos ao encontro do autor e aproximar-nos do núcleo de verdade que ele busca na narrativa des-velar e com-partilhar[210].

É claro que se poderá aqui argumentar que mesmo o texto biográfico ou autobiográfico é comprometido em sua intenção de "objetividade" por estar tingido pelos matizes singulares de quem o escreveu, pelo viés da subjetividade individual do autor. Isso é correto; todo autor, memorialista ou ficcionista, escreve para viver (o que também compreende o morrer[211]), para ter prazer e para esclarecer, até onde pode, os enigmas de origem e os impasses de sua própria existência pessoal.

Sabemos, porém, que numa perspectiva fenomenológico-psicanalítica esses objetos são tão inquestionavelmente verdadeiros quanto produções do imaginário individual, e que toda proposição ou "ilusão" que se enuncia como verdade aponta em princípio para uma "realidade" particular, institui uma versão do fato que poderá ser

---

[210] Na acepção heideggeriana de ambas as expressões.
[211] Ver Blanchot, M. (1955). *O Espaço Literário*. Rio de Janeiro: Rocco, 1987.

posta em cotejo com outras perspectivas também pessoais – as dos outros – havendo a possibilidade de que convenham ou não sobre determinada significação. Como afirma Merleau-Ponty, "Cada percepção envolve a possibilidade de sua substituição por outra e, portanto, uma espécie de desautorização das coisas, mas isto quer dizer: cada percepção é o termo de uma aproximação, de uma série de ilusões"[212].

Não poderíamos conceber, portanto, outra possibilidade de aproximação à verdade ou a uma realidade em especial que não implicasse um circuito de obsolescência das ilusões, "pois quando uma ilusão se dissipa, quando uma aparência irrompe de repente, é sempre em proveito de uma nova aparência que retoma por sua conta a função ontológica da primeira". Esse processo constitui-se, portanto, de ilusões, des-ilusões e re-ilusões às quais novas des-ilusões viriam suceder, "mas a des-ilusão só é perda de uma evidência porque é a aquisição de *outra evidência* (...) o que posso concluir dessas desilusões ou decepções é, portanto, que, talvez a 'realidade' não pertença definitivamente a nenhuma presença particular, e que, neste sentido, está *sempre mais longe*"[213].

Tal descrição do movimento de instauração do sentido no encontro do psicossoma (materialma) com o mundo natural, nessa constante metamorfose dos objetos da percepção e do conhecimento vivencial, corresponde intimamente ao que a partir de Winnicott[214] e da sua formulação do *espaço potencial* (o "entre-dois") poderíamos denominar de "dialética da transicionalidade". Os objetos transicionais têm como marca da sua legitimidade o polimorfismo, a incessante modificação das coisas e nomes (significantes) em que a experiência do ser-no-mundo se sustenta, sendo que a estase do objeto, a sua aderência a uma forma particular, determinaria o fim do seu uso transicional.

---

[212] Merleau-Ponty, M. (1964). *O visível e o invisível*. São Paulo: Perspectiva, 1992, p. 49.
[213] Ibidem, p. 48.
[214] Winnicott, D. W. (1953). Mind in its relation to the psycho-soma. In: *Trough Pediatrics to Psycho-Analysis: Collected Papers*. New York: Brunner/Mazel, 1992.

Segundo Merleau-Ponty, "Caminhamos em direção ao centro, procuramos compreender como há um centro, em que consiste a unidade, não dizemos que ela seja soma ou resultado e, se fazemos o pensamento aparecer sobre uma infra-estrutura de visão, é só em virtude desta evidência incontestada: (...) que todo pensamento que conhecemos advém de uma carne".[215]

Por "carne" refere-se o filósofo à "substância do mundo", à espessura da experiência da intercorporeidade. A espessura da carne interposta entre mim e o outro ou entre eu e a coisa não é um simples obstáculo, mas também o que possibilita que se coloquem em contato, que se interpenetrem: "Em vez de rivalizar com a espessura do mundo, a de meu corpo é, ao contrário, o único meio que possuo para chegar ao âmago das coisas, fazendo-me mundo e fazendo-as carne."[216] Nesse entrelaçamento vivencial para o qual o autor propõe o termo "quiasma", a carne surge como uma *coisa geral* que acolhe e é produto da experiência intersubjetiva, o campo aberto para diferentes narcisos, para uma intercorporeidade transcendente, "o pequeno mundo privado de cada um não se justapõe àquele de todos os outros, mas é por ele envolvido, colhido dele, constituindo, todos juntos, um Sentiente em geral, diante de um Sensível em geral"[217].

É nessa referência do filósofo, senão a um universal *stricto sensu* pelo menos a uma essência transcendental, que somos tentados a reencontrar a instância do Outro lacaniano, na medida em que para Merleau-Ponty o ser solipsista, ser de um cogito pré-reflexivo, compreende já o outro absoluto (Outro), que advém consciência de si (para-si) com o aparecimento de outrem: "Já tenho na noite do em-si tudo o que é preciso para fabricar o mundo privado do outro como um além inacessível para mim."[218] Concebe então a possibilidade de um Ser de sentido universal "capaz de sustentar tanto as

---

[215] Ibidem, p. 141.
[216] Ibidem, p. 132.
[217] Ibidem, p. 138.
[218] Ibidem, p. 67.

operações lógicas e a linguagem como o desdobramento do mundo. Ele será *aquilo sem o que* não haveria nem mundo, nem linguagem, nem o que quer que seja, será a essência"[219].

É ao ser solipsista, o ser em-si que antecede o advento do *ego* (imagem especular) que Lacan equipara o sujeito do inconsciente, o sujeito que fala através e mais para além do ego. Em seu seminário dos anos 1954-1955 encontramos que "O sujeito se descompõe, se esvaece, se dissocia nos seus diversos *eus*"[220]. Se considerarmos a dimensão inconsciente da literatura, ela parece ser a origem do povoamento do campo das *dramatis personae* do universo ficcional, é porém para além desse estilhaçamento imaginário no eu que o sujeito lança-se na relação que se estabelece com um outro absoluto (Outro), para além de toda intersubjetividade, sítio sagrado/sangrado de sua verdade essencial.

No dizer de Lacan, "O sujeito passa para além desta vidraça onde sempre vê, amalgamada, sua própria imagem. É a cessação de qualquer interposição entre o sujeito e o mundo"[221]. Essa relação, porém, que implica o "estar na verdade", é atingida pelo sujeito em circunstâncias bastante especiais. A verdade (contato com o Outro) é para Lacan como aquele passarinho que levanta vôo justamente quando vamos derramar-lhe o sal sobre a cauda. A verdade enunciada pela palavra já não está presente, ela se presentifica mais bem na des-palavra, e se obscurece logo frente ao imediato esforço apreensivo da reflexão.

Respondendo a uma questão que lhe é colocada por Pontalis, no livro segundo do *Seminário* (em "A carta roubada"), de que ele parece "dizer que não existe nunca uma concepção verdadeira, que nunca se vai senão de corretivos em corretivos, de miragens em miragens", Lacan convém: "Creio, com efeito, que é o que ocorre no registro da intersubjetividade na qual nossa experiência se situa"[222] e retornando ao tema, dois capítulos depois, acrescenta: "Que uma coisa exista

---
[219] Ibidem, p. 107.
[220] Lacan, J. (1954-1955). O Seminário – livro 2 – O eu na teoria de Freud e na técnica da psicanálise. Rio de Janeiro: Jorge Zahar Editor, 1985.
[221] Ibidem, p. 223.
[222] Ibidem, p. 274.

realmente ou não, pouco importa. Ela pode perfeitamente existir no sentido pleno do termo mesmo que não exista realmente. Toda existência tem, por definição, algo de tão improvável que, com efeito, a gente fica perpetuamente se interrogando sobre sua realidade."[223]

Por sua parte, o nosso grande Machado de Assis dizia que o homem é, mais que um caniço pensante pascalino, uma "errata pensante", e que cada nova edição da vida tem por função corrigir a anterior, e assim sucessivamente, até a última que o editor entrega de graça aos vermes[224], aproximando-se aí maximamente da resposta oferecida por Jacques Lacan a J-B. Pontalis.

Lacan dirá alguns anos mais tarde, parafraseando criticamente o cogito cartesiano e lançando suspeita sobre as tentativas de autoresenha ou os esforços de síntese do sujeito pelo eu, que ele só existe onde não pensa, e que onde pensa ou explica-se é justamente onde não está[225] (Lacan, 1957). A função do ego é por excelência a do desconhecimento, a do equívoco, afirmará ainda Jacques Lacan.

Cremos, porém, sem discordar significativamente de Lacan, que é justamente onde o autor supõe sinceramente dizer-se que deveremos submeter à análise tanto a sua franqueza como a sua insinceridade, e não onde ele orienta-se antes de tudo a produzir prazer ou alívio em si e nos outros através do ato de escrever[226], ainda que esse ato, o da escrita, possua inevitavelmente, como o brinquedo infantil – conforme interpretado por Freud[227] e Winnicott[228] – indiscutível propósito e potencialidade autoterápicos ou subjetivantes.

---

[223] Assis, M. (1857). *Memórias póstumas de Brás Cubas*. Obra Completa, Jackson, 1957.

[224] Lacan, J. (1957). A instância da letra no inconsciente ou a razão desde Freud. In: *Escritos*, Jorge Zahar Editor, 1995.

[225] Lembremos que segundo Freud o que fundamentalmente distingue o *Dichter*, o poeta, o ficcionista, do devaneador comum é o fato de ser o poeta um facilitador de satisfações e prazeres também ao outro, enquanto o devaneador é essencialmente egoísta, subjetivista, o que o converte num ser enfadonho e fantasísticamente autocentrado (Freud, S. [1908] *El poeta y los sueños diurnos*. Obras Completas, Biblioteca Nueva, Madrid, 1973.).

[226] Freud, S. (1920). *Más allá del principio del placer*. Obras Completas, Madrid: Biblioteca Nueva, 1973.

[227] Winnicott, D. W. (1951). Transitional object and transitional phenomena. In: *Trough Paediatrics to Psycho-Analysis: Collected Papers*. New York: Brunner/Mazel, 1992.

[228] Kierkegaard, S. (1849). *O desespero humano: doença até a morte*. São Paulo: Abril Cultural, 1979.

Mas é na autobiografia – ou no texto ficcional que se origina quase que diretamente do fato vivido – que o autor assume de forma explícita um compromisso com o leitor, eventualmente um psicanalista, na medida em que o convida a conhecê-lo, solicita sua companhia, como na experiência da análise, para sondar as porções mais obscuras, obliteradas e fragmentárias de si. A essa convocação, com legítimo direito poderemos aceder, e juntamente com ele seguir a trilha de uma verdade na qual estamos todos igualmente implicados, no sentido de que esta busca configura sempre uma ânsia humana de captura, a tão sonhada reapropriação psíquica daquilo que, em nosso centro, para sempre e para que existíssemos definitivamente se perdeu.

Será, em essência, diferente disso aquilo que, atendendo ao apelo do abismo, do dessemelhante radical (Outro), nos conduz ou condena a analisar?

3

GRACILIANO, ESCRAVO E SENHOR: CONTRADIÇÕES E AMBIGÜIDADE NO ESFORÇO DE SÍNTESE LITERÁRIA DO INCONCILIÁVEL

Encontramos na obra de Kierkegaard[229], espírito inquieto e inscrito pela contemporaneidade entre os mais radiantes que a história da filosofia conheceu, uma tentativa de apreensão conceitual do homem através de uma simples definição: "O homem é uma síntese", ou mais bem, segundo as próprias palavras do filósofo sugerem, um esforço supremo de "síntese de infinito e de finito, de temporal e de eterno, de liberdade e de necessidade (...)", premissa que o leva em seqüência e conseqüência a concluir que "sob este ponto de vista o eu não existe ainda."[230]

O eu é movimento, e, portanto, é incapaz de atingir uma síntese estável, uma forma definitiva, uma configuração final. O eu é esforço de ser e saber acerca de si e do mundo, e nesse sentido é uma síntese fugaz, uma "precária síntese" como diria Drumonnd, em algo sempre insatisfatória, como na própria definição dinamicamente esboçada pelo pensador dinamarquês.

---

[229] Kierkegaard, S. (1849). *O desespero humano: doença até a morte.* São Paulo: Abril Cultural, 1979.
[230] Ibidem, p. 197.

A ainda fresca formulação do filósofo deveria estar presente, ao menos para o bem da filosofia, da literatura e da psicanálise, na mente de todo espírito analítico (crítico) que enfeze penetrar no sempre obscuro, intangível e por isso comumente inexplicável, sentido último de uma obra de arte ou da relação lógica possível entre esta, seu autor e o mundo em que ele a produziu.

Em agosto de 1939, cerca de um ano e meio após sua saída da prisão, Graciliano Ramos escreveu uma crônica intitulada "Alguns tipos sem importância"[231], onde dizia haver sido questionado por um amigo sobre a origem dos personagens principais de seus romances. Embora contrariado por ter de voltar a reencontrar-se com "essa gente que, arrumada em volumes, se distanciou de mim (...)", essa "cambada (...) hoje multiforme, incongruente, modificada pelo público"[232] e composta de caracteres que por se distinguirem tanto dos tipos que tentara compor afirmava terem falhado todos, ele dispõe-se a retornar brevemente ao contexto em que estes haviam sido gerados, constituindo os caracteres centrais dos quatro romances que já havia publicado.

Ao referir-se a *Vidas Secas*[233], ele assim rememora a origem do livro:

> Em 1937 escrevi algumas linhas sobre a morte de uma cachorra, um bicho que saiu inteligente demais, creio eu, e por isso um pouco diferente dos meus bípedes. Dediquei em seguida várias páginas aos donos do animal. Essas coisas foram vendidas, em retalho, a jornais e revistas. E como José Olímpio me pedisse um livro para o começo do ano passado, arranjei outras narrações, que tanto podem ser contos como capítulos de romance. Assim nasceram Fabiano, a mulher, e os dois filhos e a cachorra Baleia, as últimas criaturas que pus em circulação.[234]

---

[231] Ramos, G. (1962). *Linhas tortas*. Rio de Janeiro, São Paulo: Record, 1994, p. 190-192.
[232] Ibidem, p. 190.
[233] Ramos, G. (1938). *Vidas Secas*. São Paulo: Martins: 1973.
[234] Ramos, G. (1962), *op. cit., p. 192*.

"Baleia"[235] foi originalmente publicado em *O Jornal*, n° 5.502, Rio de Janeiro, em 23 de maio de 1937, e posteriormente em *Histórias Incompletas* e em *Histórias Agrestes*, duas coletâneas de contos depois integrados em outros livros.

Esse conto não agradara inicialmente ao autor, conforme relata seu filho, Ricardo Ramos, referindo-se à reação de Graciliano a sua publicação no jornal:

> Certo domingo, abriu um suplemento e passou o resto do dia sem assunto, aborrecido. Haviam publicado uma daquelas histórias, arrancadas de lembranças velhas, ainda do tempo de Buíque. E a que menos desejaria ver logo impressa. No dia seguinte, não foi à José Olympio, evitou encontrar-se com literatos. Mas na terça necessitou dar um pulo à livraria, e mal chegou lhe falaram do conto, opinião entusiasmada, com adjetivos que o encabularam. Devia ser brincadeira, só podia ser brincadeira. Não era. Em menos de uma hora, duas outras pessoas, talvez mais sérias e de maneira mais sisuda, gastaram os mesmos elogios à cachorra que sonhava com preás. Ele desconfiou que Baleia não saíra de todo infeliz. Aguardou em sossego a publicação dos contos que restavam. E escreveu outros, já estabelecendo ligações, remontando àquelas figuras antigas da fazendola sertaneja. Menos de um ano depois era lançado Vidas Secas, romance que para Sérgio Milliet será um 'conjunto de histórias', para Lúcia Miguel Pereira, 'uma série de quadros, de gravuras em madeira, talhados com precisão e firmeza'[236].

"Baleia" foi, portanto, como confirma o crítico Assis Brasil[237], o primeiro capítulo a ser escrito e também o que desperta maior curiosidade. Acreditamos que o conto é uma espécie de "metáfora-

---

[235] Lima, Y. D. e Reis, Z. C. (1992). *Catálogo de Manuscritos do Arquivo Graciliano Ramos*, EDUSP, São Paulo.

[236] Ramos, R. (1967). Introdução a *Histórias Agrestes (antologia)*, Rio de Janeiro: Edições Ediouro, 1967, *apud* Brasil, F. A. A. *Graciliano Ramos: ensaio*. Rio de Janeiro: Simões, 1969, p. 81.

[237] Brasil, F. A. A. *Graciliano Ramos: ensaio*. Rio de Janeiro: Simões, 1969.

mor" do romance e que é nele que a indiferenciação psíquica e a destituição subjetiva dos personagens alcançam seu ponto de saturação. Nele o animal humaniza-se, em contraponto com um homem que se reduz à mecânica simplicidade de um sistema sensório-motor, de escassa eficácia autoconservativa e de extrema precariedade existencial.[238]

Como escreve Antonio Candido[239], os protagonistas dos demais romances de Graciliano Ramos "pensam e são"; Fabiano, Sinhá Vitória e os dois filhos "apenas são". O vaqueiro Fabiano é um personagem literário privado do *cogito* cartesiano, ressentido da falta de um decisivo detalhe que nos faz homens e ontologicamente relevantes, sujeitos de juízos, de desejos, de significações.

Mas o que Graciliano pretende escandir no seu romance, de um despojamento levado até as fronteiras da máxima aridez é, como fez Kafka em *A Metamorfose*[240] e Ionesco em *O rinoceronte*[241], a bestialização do indivíduo humano quando de seu distintivo atributo *sapiens* – a consciência pessoal, social e histórica de sua condição – se vê privado, por efeito da violência alienante a serviço da reificação/entificação, como demonstrou J. L. Lafetá[242] a respeito de *São Bernardo*[243], romance escrito alguns anos antes e que pretenderemos colocar em diálogo com *Vidas Secas* ao longo desse capítulo.

Se "Baleia" é, no entanto, a metáfora-mor de *Vidas Secas*, e a cachorrinha inteligente está ali representando – por antífrase – a

---

[238] Em nenhuma passagem da totalidade de seus escritos Graciliano Ramos refere-se a um conto, antecedente e talvez inspirador do seu, da autoria de Tchekhov (1979), intitulado *Kaschtanka*. Ali encontramos também, como personagem principal, uma cachorra que pensa e sente e que demonstra ter maior sutileza e inteligência do que os humanos que soe encontrar. Como Graciliano era um leitor apaixonado dos autores russos, fica a pergunta acerca do seu conhecimento e da possível influência desta narrativa sobre o conto em questão.

[239] Candido, A. (1992). *Ficção e Confissão: ensaios sobre Graciliano Ramos*. Rio de Janeiro: Editora 34.

[240] Kafka, F. (1965). *A metamorfose*. In: *A colônia Penal*. São Paulo: Exposição do Livro.

[241] Ionesco, E. (1976). *O rinoceronte*. São Paulo: Abril Cultural.

[242] Lafetá, J. L. *O mundo à revelia*. Posfácio a Ramos, G. (1934) *São Bernardo*. Rio de Janeiro: Record, 1996, p. 192-217.

[243] Ramos, G. (1934). *São Bernardo*. Rio de Janeiro: Record,1996.

precariedade anímica humana de sujeitos degradados que mal se distinguem dos seres desprovidos de *ratio*, não se poderá evitar de surpreender, no homem submetido a circunstâncias de despojamento extremo dos atributos de humanidade, a impiedade que em estado bruto marca as ações do homem "natural" – muito aquém dos juízos atributivos a que uma ética transcendentalmente operante (kantiana) o poderia conduzir. A fome levara a família de Fabiano a sacrificar o papagaio que os acompanhara por grande parte do êxodo em busca de um novo lar. Agora a cachorra, que resiste à morte tanto quanto aos esforços dos donos em curá-la, deverá ser sacrificada para a sobrevivência e a tranqüilidade do grupo.

Curiosamente Graciliano, que dizia não ter nenhum tipo de apego afetivo pelos animais, ser-lhes indiferente de maneira geral, irá colocar a mais bela e sensível das almas que povoam o universo animado e imaginário desse romance em um cão. Condição disso é que possa, entretanto, humanamente significá-lo, já que como canino encerra-se no "em si", numa condição alheia e aquém das possibilidades e limites de circulação da afetividade do autor.

A questão talvez mais espinhosa e delicada em que ousaremos aqui tocar envolve a pessoa mesma de Graciliano, a contraditória, ambígua e surpreendente *persona* que ele ostentava em sua vida de relação social, familiar e laboral.

Como sabemos, disse já Álvaro Lins[244], e com a propriedade e consistência que lhe eram peculiares, que Graciliano era um escritor cruel e impiedoso, consigo e com os outros. Atestam isso, testemunhalmente, as repetidas descrições que dele fazem os que o conheceram, sempre marcadas pelas antinomias e ambivalências: Graça era carrancudo, mas após o primeiro copo de cachaça se enternecia, dizem alguns; era rigoroso ao extremo com seus subalternos e colaboradores, afirmam outros; castigava duramente os filhos

---
[244] Lins, A. (1947). *Valores e Misérias das Vidas Sêcas*. Prefácio a *Vidas Secas*. São Paulo: Martins, 1973.

inclusive fisicamente, lemos nas biografias; quando prefeito de Palmeira dos Índios determinou um extermínio em massa de cachorros sem dono que perambulavam pelas ruas, afirma o próprio numa referência às medidas drásticas da sua administração; era retraído, solitário e não demonstrava uma disposição gregária, mesmo que se identificasse com as causas populares e se compadecesse do sofrimento dos desfavorecidos, acrescentam ainda certos críticos. Gama e Melo[245], por exemplo, indo além de Álvaro Lins e de outros que enfatizam a rispidez e secura do seu estilo humano e literário, diz haver sido Graciliano um humanista incidental, e que o que mais definitivamente transparecia em sua pessoa e em sua obra era um profundo egoísmo que não lhe permitia nem mesmo participar dos movimentos civis de solidariedade humana, os quais apoiava à distância. Graciliano era, segundo afirma o crítico, um permanente esquivo ao grupo.

Como escreveu Flaubert: "Não devemos tocar nos ídolos, o dourado poderá sair nas nossas mãos!"[246] É com certo constrangimento, portanto, que pretenderemos deter-nos um pouco mais nessa característica desconcertante da obra e do autor, tido por significativa parte da crítica como uma das divindades máximas do nosso panteão literário nacional. Tal análise, porém, não implica apenas as dificuldades ligadas ao risco de aparentar-se com uma investida iconoclástica contra um dos nossos grandes heróis da escrita, mas faz-se difícil em não menor grau por colocar em questão, ou por trazer à luz, também os conflitos e incoerências do autor que a subscreve, e que padece, como todo intelectual politicamente consciente nesse país, das mesmas contradições que inevitável e honestamente deverá confessar antes e ao longo da análise que será realizada sobre as relações entre o autor e a obra e suas contraditórias sobredeterminações pessoais/sociais.

---

[245] Gama e Mello, V. (1955). *O humanismo incidente de Graciliano Ramos*. In: Brayner, S. (1977) *Graciliano Ramos – fortuna crítica 2*. Rio de Janeiro: Civilização Brasileira, p. 233-237.
[246] Flaubert, G. *Madame Bovary*. São Paulo: Abril Cultural, 1979.

Retornemos a *Vidas Secas*. Poderemos facilmente constatar que o personagem principal do romance, Fabiano, é poderoso e valente com os de casa e impotente e covarde com os de fora, ou como escreve Vicente de Ataíde, "que na comunidade doméstica Fabiano é o campeão, e que na comunidade social 'Fabiano reconhecia-se inferior'"[247]. A dureza injusta com que a vida o fere incessantemente produz a "ação de repasse" que o leva a exercer sua crueldade contra os filhos, a mulher e os animais. Recorde-se o seu ímpeto de matar o filho mais velho, no primeiro capítulo, frente à necessidade de carregá-lo nos braços quando já a sustentação do próprio corpo em pé tornava-se impraticável (Ou anda ou morre!):

> (...) O menino mais velho pôs-se a chorar, sentou-se no chão.
> – Anda condenado do diabo, gritou-lhe o pai.
> Não obtendo resultado, fustigou-o com a bainha da faca de ponta. Mas o pequeno esperneou acuado, depois sossegou, deitou-se, fechou os olhos. Fabiano ainda lhe deu algumas pancadas e esperou que ele se levantasse. Como isto não acontecesse, espiou os quatro cantos, zangado, praguejando baixo.
> A catinga estendia-se, de um vermelho indeciso salpicado de manchas brancas que eram ossadas. O vôo negro dos urubus fazia círculos altos em redor de bichos moribundos.
> – Anda, excomungado. O pirralho não se mexeu, e Fabiano desejou matá-lo. Tinha o coração grosso, queria responsabilizar alguém pela sua desgraça[248].

Quando mais adiante, no nono capítulo (Baleia), ele se encontra na contingência de sacrificar a cachorra da família por supor que ela estivesse com hidrofobia (Ou sara ou morre!), seu ódio refreado irá exercer-se de forma brutal. Ódio dos que o matam a cada dia e que encontra o seu objeto de desforra na carne dos seres esquálidos que

---

[247] Ataíde, V. (1973). *Vidas Secas: articulação narrativa*. In: Brayner (1977), *op. cit.*, p. 196-203.
[248] Ramos, G. (1938), *op. cit.*, p. 43.

extermina, o papagaio magro, a cachorra doente ou as aves de arribação, que antecipando o estio são anunciadoras da desgraça e da miséria que os alcança a passos largos.

"A cachorra Baleia estava para morrer", como de resto assim estavam sempre todos os personagens dessa breve e circunscrita, em tempo e espaço, história do desespero humano. Magra e coberta de chagas e moscas, Baleia não conseguia mais comer, pela "inchação dos beiços". Fabiano havia tentado tratá-la amarrando-lhe sabugos de milho ao redor do pescoço. Como ela não melhorava, tomou a decisão de matá-la.

Enquanto limpava e carregava a espingarda, a mulher e os filhos abraçavam-se encerrados em casa.

> Tinham visto o chumbeiro e o polvarinho, os modos de Fabiano afligiam-nos, davam-lhes a suspeita de que Baleia corria perigo.
> Ela era como uma pessoa da família: brincavam juntos os três, para bem dizer não se diferençavam, rebolavam na areia do rio e no estrume fofo que ia subindo, ameaçava cobrir o chiqueiro das cabras[249].

Os meninos choravam e esperneavam e Sinhá Vitória tinha o coração pesado, lamentava a má sorte da pobre cachorra e lamentava também que o marido não esperasse mais um dia para certificar-se de que o sacrifício do animal seria de fato necessário.

Quando Fabiano, após procurar a cachorra, encontra-a a coçar-se num pé-de-turco, levanta a arma ao rosto, mas o animal, estranhando a atitude do dono, esconde-se atrás do tronco da árvore. Embora procurasse uma posição melhor para acertá-la mortalmente, visto que ela se encontrava de frente para ele, ao apertar o gatilho Fabiano acerta-a nos quartos traseiros, inutilizando-lhe uma perna, mas deixando-a ainda viva. Com as preces da mulher à Virgem Maria e o

---

[249] Ibidem, p. 128.
[250] Ousamos propor essa designação para os acontecimentos mentais da cachorra porque ela parece ser autorizada pela vivência tão humana do animal, que não nos permite caracterizá-la apenas como um mero fluxo associativo de figuras e cenas vividas e memorizadas.

choro alto das crianças Fabiano decide recolher-se. A partir de então a narrativa se desenvolverá sob a forma de um "monólogo interior"[250] numa intensa sucessão de imagens, pensamentos e ações de Baleia que irão caracterizar um debater-se agônico até o final do conto/ capítulo.

Destacam-se nesta narrativa as evocações de idéias e sentimentos humanos utilizados para descrever o fluxo de vivências experimentadas pela cachorra moribunda. As que mais vividamente evocam a condição *sapiens* tem conotação desiderativa, compreendem sujeito, objeto e fim: "andou como gente, em dois pés"; "teve medo da roda"; "gostava de espojar-se ali"; "desejou morder Fabiano"; "olhou-se de novo, aflita"; "sentiu o cheiro bom dos preás"; "com vontade de subir a ladeira"; "não experimentou nenhum prazer"; "a obrigação dela era levantar-se"; "estranhou a ausência deles"; "uma angústia apertou-lhe o pequeno coração"; "não sabia o que tinha sucedido"; "Baleia queria dormir, acordaria feliz num mundo cheio de preás" (como a negrinha num mundo cheio de bonecas loiras, de Monteiro Lobato[251]).

Especialmente importante para nossos fins – a saber: a análise do elemento "cruel" e "contraditório" nos personagens, no autor e na obra – é a passagem na qual Baleia, em luta contra a morte, volta a sentir o desejo de morder Fabiano, o qual torna a aparecer diante de seus olhos vidrados segurando um objeto estranho nas mãos. Ela apercebe-se, então, de que "Não poderia morder Fabiano: tinha nascido perto dele, numa camarinha, sob a cama de varas, e consumira a existência em submissão, ladrando para juntar o gado quando o vaqueiro batia palmas"[252]. Triste metáfora zoológica da condição reduzida do próprio dono. Revolta/submissão: uma trágica antinomia, um dilema insuperável para os seres esvaziados de desejo próprio, de arbítrio livre e de dignidade pessoal.

A submissão do cão ao dono é constituída da mesma substância da submissão do vaqueiro ao patrão, ao governo, à autoridade. "Tenha

---

[251] Lobato, M. *Negrinha*. São Paulo: Brasiliense, 1973.
[252] Ramos, G. (1938), *op. cit.*, p. 132.

paciência. Apanhar do governo não é desfeita", dizia Fabiano encerrado numa cela fria depois de apanhar de facão de um soldado amarelo que o agredira indignado por perder dinheiro no jogo de cartas. Por muito tempo juraria vingança ao "safado", ao "mofino", e se consumiria em raivas que nunca se apaziguavam. As lembranças do amarelo e da cadeia envenenavam-lhe a vida e azedavam-lhe os dias. No entanto, quando ao seguir a trilha de uma égua ruça (no décimo primeiro capítulo[253]), empunhando um facão, voltou por acaso a encontrar-se com aquele mesmo soldado que um ano antes o levara à cadeia, "Sentiu um choque violento, deteve-se, o braço ficou irresoluto, bambo, inclinando-se para um lado e para outro. (...)", ao dar-se conta Fabiano de que estava, mais do que frente a um homem, de novo frente a uma "autoridade".

Paralisado Fabiano, suspenso o gesto que faria por fim justiça dando vazão ao ódio remoído, as imagens agressivas sucediam-se em sua mente, mas seu pensamento em quase nada diferia do de Baleia. Sua vontade era sustentada na do outro, sua liberdade limitava-se à escolha das formas menos dolorosas de submeter-se ao suplício imposto pelos poderosos e sapientes. Ele era um bruto. Seria um homem ou seria um bicho? costumava perguntar-se às vezes: "O soldado, magrinho, enfezadinho, tremia. E Fabiano tinha vontade de levantar o facão de novo. Tinha vontade, mas os músculos afrouxavam."[254] Fabiano não acreditava na reação que seu corpo opunha àquela presença, insurgia-se contra a própria imobilidade, enojava-se com o tremor do soldado desarmado: "O soldado encolhia-se, escondia-se por detrás da árvore. E Fabiano cravava as unhas nas palmas calosas. Desejava ficar cego outra vez. Impossível readquirir aquele instante de inconsciência."[255]

Sentindo-se encolerizado por aperceber-se da própria impotência, o vaqueiro pareceu recuperar a força e avançar sobre o inimigo, mas

---
[253] Ibidem, p. 143-152.
[254] Ibidem, p. 144.
[255] Ibidem, p. 146.

a raiva não foi suficiente para a totalização do gesto e ele estacou desajeitadamente, sentindo o corpo amolecer-se. O soldado, escondido atrás da catingueira, parecia-lhe agora aumentar de tamanho; Fabiano tentava espantar essa idéia absurda que ameaçava dominá-lo. Ele suava frio e as imagens da injúria lhe voltavam sem que, no entanto, conseguisse retirar delas a força suficiente para atacar o outro. Do ódio inicial passava, então, ao desprezo compadecido:

> (...) Aquela coisa arriada e acanhada metia as pessoas na cadeia, dava-lhes surra. Não entendia. Se fosse uma criatura de saúde e muque, estava certo. Enfim, apanhar do governo não é desfeita, e Fabiano até sentiria orgulho ao recordar-se da aventura. Mas aquilo... Soltou uns grunhidos. Por que motivo o governo aproveitava gente assim?[256]

Fabiano desejava agora que o soldado voltasse a injuriá-lo, a humilhá-lo outra vez, só assim poderia talvez encontrar em si a força necessária para liquidá-lo. Mirava-se na covardia do outro e via-se ainda mais miserável do que ele. Não acreditava que estava agora a suar de medo, ele, que por mostras de valentia no passado conquistara Sinhá Vitória. Resignava-se: "Estava mudado. Outro indivíduo, muito diferente do Fabiano que levantava poeira nas salas de dança. Um Fabiano bom para agüentar facão no lombo e dormir na cadeia."[257]

Preso a esse impasse, e por fim esmorecendo frente ao peso do poder imaginário que ao outro atribuía, Fabiano afastou-se cabisbaixo após fitá-lo fundo nos olhos, subestimando o efeito de sua renúncia sobre o soldado acovardado:

> (...) Vendo-o acanalhado e ordeiro, o soldado ganhou coragem, avançou, pisou firme, perguntou o caminho. E Fabiano tirou o chapéu de couro.
> – Governo é governo.
> Tirou o chapéu de couro, curvou-se e ensinou o caminho ao soldado[258].

---
[256] Ibidem, p. 149.
[257] Ibidem, p. 151.
[258] Ibidem, p. 152.

Era o próprio Graciliano quem afirmava haver-se recusado sempre a escrever sobre o que não tinha experienciado na carne; costumava criticar as ficções que tomavam por cenários as regiões, culturas ou condições que o autor do livro não conhecia, e assim pronunciou-se criticamente a respeito de José de Alencar, Machado de Assis e mesmo do amigo José Lins do Rego. Podemos, assim, afirmar que tudo sobre o que rabiscou no papel penetrara antes a sua carne, volatilizando-se depois como idéia, e novamente concretizando-se como escrita. Escrita corporizada, "encarnada"[259]. Graciliano era um fenomenólogo espontâneo, à revelia; sua escrita ilustra espetacularmente a consumição do ser no ato total da nomeação do mundo. O *moto* realizador do corpo, o gesto espontâneo do demiurgo, surge ali tendo como matéria prima o desassossego das próprias vísceras, a náusea ("engulho", para Graciliano Ramos), a cenestesia turbulenta do organismo febril.

Por não saber fazer mais do que "escrever-se", diria ainda Graciliano na crônica inicialmente citada:

> Todos os meus tipos foram constituídos por observações apanhadas aqui e ali, durante muitos anos. É o que penso, mas talvez me engane. É possível que eles não sejam senão pedaços de mim mesmo e que o vagabundo, o coronel assassino, o funcionário e a cadela não existam[260].

A recorrente auto-apresentação como um "pobre diabo" que encontramos em crônicas, cartas, contos, romances e autobiografias, não dirá o suficiente talvez – por soar como uma autocomiseração piedosa – sobre a humana honestidade de Graciliano para reconhecer as próprias vilezas, fraquezas e contradições. Em *Memórias do Cárcere*[261] vemo-lo diversas vezes em dúvida a respeito da própria dignidade, na suspeita de que se acanalhava, acovardava e submetia à autoridade para afastar o látego e manter-se vivo. Em outros

---

[259] Merleau-Ponty, M. (1964). *O visível e o invisível*. São Paulo: Perspectiva, 1992.
[260] Ramos, G. (1962), *op. cit.*, p. 192.
[261] Ramos, G. (1953). *Memórias do Cárcere*. 2 vol. São Paulo: Record, 1975.

momentos, porém, encontramo-lo forte, destemido e generoso. E é principalmente isso, esta qualidade ambígua, aliada a sua verve literária incomum, que constitui a essência mesma da sua grandeza, como da de Dostoievski, de Kafka ou de Sartre. Sua vida foi plena na produção de circunstâncias nas quais pode, em diferentes momentos, identificar-se alternadamente com o escravo e com o senhor. Esteve tanto assentado sobre os andaimes do poder como amassado sob o jugo dos poderosos; como filho de pequeno fazendeiro, como comerciante relativamente bem-sucedido, como prefeito eleito de sua cidade, dispôs sempre de certos privilégios, sendo, porém, todas estas posições privilegiadas sempre sucedidas pelo fracasso na tentativa do exercício de um poder efêmero do qual intimamente ele desacreditava, chegando por isso e por fim a converter-se Graciliano num misto de herói e de mártir.

Sua "identificação cruzada"[262], em idade precoce, com o agressor e com o agredido, com o senhor cruel e com o escravo supliciado, está claramente expressa em dois capítulos de *Infância*[263] aos quais tivemos já oportunidade de referir-nos antes: "Um cinturão", onde relata a injusta surra que levou do pai por haver sido acusado de perder um cinturão que o próprio pai esquecera sobre a rede onde sesteava, e em "O Moleque José", quando identificado com a crueldade do pai pretende substituí-lo no castigo ao negrinho, filho de uma ex-escrava de seu avô, com quem costumava brincar. O próprio Graciliano reconhece que desejara poder fazer alguém padecer e que o ato seria a exteriorização de um sentimento perverso. Admite ainda que só não se tornou um homem forte porque o instinto ruim não foi suficiente para isso. Ele fez do seu ódio e da sua dor literatura. Seu texto é secreção corporal, sua matéria-prima a vivência somática, o aflito frêmito das tripas, o "tremor da carcaça"[264]. Seus mais lúcidos críticos convergem em que na sua produção literária

---

[262] Winnicott, D.W.(1971) *Playing and Reality*.Tavistock, London.
[263] Ramos, G. (1945) *Infância*. Rio de Janeiro: Record, 1975.
[264] Montaigne, M. *Ensaios*. São Paulo: Abril Cultural, 1980.

obra e autor realizam uma interpenetração carnal, um impressionante entrelaçamento que dá forma e força à gestualidade anímica contida na narrativa. Conforme escreveu Neli Novaes Coelho:

> Não há nada de extraordinário no fato de sentirmos o Autor em sua obra. Entretanto, com Graciliano esta presença é por demais nítida para que possamos deixá-la de lado sem menção. Ousamos mesmo crer que na literatura encontrou ele uma como que sublimação dessa obsessiva investigação que sempre exerceu em si mesmo. Suas personagens, vítimas sempre da incompreensão do meio, presas fatais da solidão, vão sendo corporificações dessa dissecação analítica constante[265].

Colocando ênfase na dimensão fenomenológica que está implicada na narrativa de Graciliano Ramos, onde a escrita transita incessantemente do corpo ao texto e do texto ao corpo, encontrando nesse movimento o esboço próprio que a cada instante refunda o mundo cru descortinado pelo agudo olho míope do romancista, acrescenta ainda a autora que "o romance graciliânico contém, pois, o mundo exterior ao romancista e o próprio romancista esplendidamente entrosados. Graciliano é o Autor que jamais se aparta de si mesmo; contempla não propriamente as coisas e os homens, mas a própria consciência deles"[266].

Sem recorrer nominalmente às fontes filosóficas e literárias de que aqui nos servimos, ela autoriza-nos, entretanto, a repetir uma vez mais o que Graciliano insistentemente dizia sobre si: que não conseguia escrever sobre nada que não tivesse vivido, embora admirasse a capacidade imaginativa dos autores que assim procediam, o que ele próprio contradisse, porém, assaz criticamente em outros momentos e lugares.

---

[265] Novaes Coelho, N. (1964). *Solidão e luta em Graciliano Ramos*. In: Brayner (1977), *op. cit.*, p. 71.
[266] Ibidem, p. 71.

Não é outra a premissa que sustenta o pensamento fenomenológico em filosofia, psicanálise e teoria literária. O mundo compartilhado onde a existência efetivamente se realiza, o *mitwelt* husserliano[267], o *espaço fenomenal* merleau-pontyano[268], o *espaço transicional* winnicottiano[269], a *palavra transicional* de Barthes[270] ou o *com-texto* de Bakhtin[271], configuram esse campo miraculosamente composto pela inscrição do significado na carne, pela marca do significante no real – materialma – o sujeito desenhando no *mundo da vida* o seu retrato, além do qual, dirá Sartre[272], não haverá mais nada.

Não conseguir escrever sobre coisa nenhuma cuja experiência não agitasse a sua carne e precipitasse a sua paixão é o que coloca Graciliano entre os escritores existencialistas; o que faz dele um existencialista impretendido, e à brasileira[273]. No embate entre seus heróis absurdos, fatalmente insurgidos contra o inevitável, traídos por um egoísmo covarde e cruel, fustigados por vergonhosa miséria moral e odiosamente conscientes da sua pequenez, ele faz ferver o sangue e moer os ossos dos romancistas adocicados e dos leitores desapercebidos da adversidade crescente que impregna as coisas e

---

[267] Husserl (1913). *Ideas relativas a una fenomenologia pura y una filosofía fenomenológica*. México: Fondo de Cultura, 1997.

[268] Merleau-Ponty, M. (1945). *Fenomenologia da Percepção*. Rio de Janeiro: Freitas Bastos, 1971.

[269] Winnicott, D. W. (1971), *op. cit.*

[270] Barthes, R. (1953). *O grau zero da escrita*. Lisboa: Edições 70, 1997.

[271] Bakhtin, M. M. (1979). *Estética da criação verbal*. São Paulo: Martins Fontes, 1992.

[272] Sartre, J. P. *O existencialismo é um humanismo*. São Paulo: Abril Cultural, 1979.

[273] Há uma curiosa semelhança entre as obras e as biografias de Graciliano Ramos e Jean-Paul Sartre. Ambos foram pensadores, escritores e militantes de esquerda e defenderam o engajamento político do intelectual; ambos estiveram durante aproximadamente um ano presos devido ao envolvimento com movimentos políticos e causas sociais; ambos publicaram uma autopaidografia (*Infância* e *As palavras*); ambos escreveram um romance paradigmático através do qual a totalidade de sua obra seria significada e conhecida (*Angústia* e *A Náusea*), e que os inseriria numa mesma vertente temática e estilística a partir da qual se enunciaria o romance existencial, ou romance trágico – como propõe Sonia Brayner (1977) – do século vinte. Graciliano seria, entretanto, e curiosamente, como romancista, um existencialista *avant la lettre*, um precursor do sartrismo (*Angústia* foi publicado em 1936, enquanto *A Náusea* apareceria em 1938), embora Sartre muito provavelmente nunca o tenha lido e Graciliano não se refira a Sartre em nenhuma passagem de sua obra.

estabelece as leis pelas quais se define o mundo em que todos se movem.

Compará-lo a Sartre é tão inevitável quanto são similares suas trajetórias como autores e cidadãos. Semelhante a Sartre, Graciliano foi um homem engajado e cético, religioso e ateu, comunista e anárquico, generoso e mau. Seu corajoso reconhecimento dos paradoxos e incongruências que o constituíam, como homem e como escritor, permitiu-lhe criar personagens tão expressivos e autênticos como Fabiano e Paulo Honório, personagens nos quais ancoramos o título deste capítulo – no qual o autor é apresentado simultaneamente como escravo e como senhor. Tal dilema, que dilacera eticamente o intelectual burguês, o ensombrava e absorvia muito particularmente.

Conforme nos sugere Rui Mourão[274], em seu magistral ensaio sobre a estratégia narrativa de *São Bernardo*, não é só por ser escrito na primeira pessoa, como *Caetés*[275] e *Angústia*[276], que *São Bernardo* produz um inicial efeito confusional no leitor, o qual não sabe exatamente de quem é a voz que, antecipando-se a qualquer ação romanesca e sem se apresentar, começa a contar a história dos acontecimentos que acompanharam o processo de elaboração do livro em questão. O fato de que "o personagem-narrador comparece em cena enquanto se acha ocupado com a composição (...)" e de que as cenas iniciais mostrem "além dos acontecimentos do palco, a carpintaria dos bastidores (...)" leva-nos a supor que é o próprio Graciliano quem escreve, ao modo de um prefácio: "Antes de iniciar este livro..."[277]

Parece-nos a princípio que o personagem-narrador e o autor utilizam-se de uma mesma voz, e não é antes do final do primeiro capítulo que os poderemos mais claramente distinguir. Assistimos então o personagem ganhar forma a partir do ato de escrita do autor,

---

[274] Mourão, R. (1968). *A estratégia narrativa de "São Bernardo"*. In: Brayner (1977), *op. cit.*, p. 165-174.
[275] Ramos, G. (1933). *Caetés*. Rio de Janeiro: Record, 1982.
[276] Ramos, G. (1936). *Angústia*. Rio de Janeiro: Record, 1975.
[277] Mourão, R. (1968), *op. cit.*, p. 165.

desprender-se de sua carne e distanciar-se através de um discurso que autonomamente dele se apropria. Segundo Mourão:

> (...) o romancista soube explorar, até as últimas conseqüências, esse artifício de implantação por descortinamento da pessoa do narrador. Aos poucos, e sempre de maneira indireta, é que nos é permitido descobrir que se trata de um fazendeiro, que se chama Paulo, que se acha num local denominado São Bernardo, que São Bernardo é uma fazenda[278].

Paulo Honório, homem marcado por uma avidez pragmática, não deitaria fora papel, tempo e tinta sem antever algum resultado prático como conseqüência de seu gesto e de sua intenção. Reconhecendo pela primeira vez que é um homem arrasado, que está velho, que completou cinqüenta anos – "Cinqüenta anos perdidos, cinqüenta anos gastos sem objetivo, a maltratar-me e a maltratar os outros"[279] –, ele demonstra o desejo de uma confidência, e é essa urgência de confissão que o faz procurar o alívio da escrita, como escreve Mourão – demonstrando um fino entendimento da intencionalidade inconsciente inerente ao escrever:

> O que fica claro aqui é que apenas a literatura pela literatura não o interessa. Homem prático, jamais se voltaria para a arte se dela não pudesse tirar partido. A expressão narrativa é utilizada por ele como simples instrumento: sentindo necessidade de confessar-se, por imposição de um drama psicológico, e sendo reservado, orgulhoso e sem religião, resolveu aliviar a consciência de maneira indireta, apelando para a simbologia romanesca[280].

Sobre quem, entretanto, escreve Mourão? Em quem efetivamente pensa quando busca caracterizar o personagem e situar criticamente

---
[278] Ibidem, p. 166.
[279] Ramos, G. (1934), *op. cit.*, p. 184.
[280] Mourão, R. (1968), *op. cit.,* p. 169.

o narrador insinuando-se em sua subjetividade e desnudando o que o move a depor?

O arrastado prolegômeno que se estende por algumas páginas trazendo-nos a vívida sensação de que o romance ainda não começou, com reiterados comentários meta-textuais como "(...) isto vai arranjado sem nenhuma ordem, como se vê", ou, "(...) já estraguei diversas folhas e ainda não principiei", ou, "Dois capítulos perdidos. Talvez não fosse mau aproveitar os do Gondim (...)", levam o crítico a comparar o início de *São Bernardo* com o início de um tratamento psicanalítico:

> (...) anotando aquela lenga-lenga, está é procurando fugir à confissão direta e franca. Mas o certo é que aquela escrita acabou funcionado como as histórias sem nexo e aparentemente desproposistadas que os psicanalistas pedem aos clientes antes das confissões, e que tem por objetivo eliminar a tensão do espírito do paciente, ambientá-lo com o inquisidor e libertar o fluxo das recordações. Vencidas essas linhas de tergiversação inicial, Paulo Honório vai cair em cheio na confissão, com todo o senso de objetividade que o caracteriza[281].

A dramaticidade da confissão de Paulo Honório tem até mesmo o poder de despertar, às vezes, no leitor verdadeiros ímpetos de compaixão para com o tirano. Ele procede diferentemente do personagem de Albert Camus, em *A queda*[282], que se apresentava como um "juiz penitente", porque pretendendo autocriticar-se impiedosamente ganhava crédito com o interlocutor para sentir-se logo autorizado a julgá-lo. Paulo Honório, ao contrário, enumera ao longo da primeira parte do livro cada uma das suas espertezas, trapaças e atrocidades com um orgulho inocultável; desde o que chama de "meu primeiro ato digno de referência"[283], que consistiu no esfaqueamento de um rival amoroso aos dezoito anos (o que lhe custou uma surra de cipó e três anos, nove meses e quinze dias de

---
[281] Ibidem, p. 169.
[282] Camus, A. (1956). *A queda*. Rio de Janeiro: Record.

cadeia em que aproveitou para aprender a ler[284]), passando pela apropriação desonesta da fazenda através da usura, o assassinato de um vizinho com quem disputava uma estreita faixa de terra, surras de chicote e de socos em inimigos e empregados, chegando por fim à situação extrema em que sua mulher, Madalena, agindo em desespero suicida-se ingerindo veneno, vitimada pela brutalidade e pelos ciúmes doentios do marido que desconfiava da intenção oculta em cada passo seu. Em tudo isso o personagem é movido por uma incontrolável sanha de apropriação, que se efetiva usualmente pela expropriação de bens materiais, dinheiro, suor e sangue alheios. Seu desconhecimento de qualquer sentido ou código ético é revelado no oitavo capítulo do romance, quando nos diz:

> A verdade é que nunca soube quais foram os meus atos bons e quais foram os maus. Fiz coisas boas que me trouxeram prejuízo; fiz coisas ruins que me deram lucro. E como sempre tive a intenção de possuir as terras de S. Bernardo, considerei legítimas as ações que me levaram a obtê-la[285].

Vê-se, portanto, que o juízo de Paulo Honório sobre os outros é de que estes não passam de imbecis grandiosos, nunca suficientemente bem protegidos da sua ambição mortífera. Só nos capítulos finais, que se seguem ao suicídio de Madalena, é que o vemos desmoronar como um rochedo sob o peso do remorso e da solidão. Ponhamos mais ênfase na solidão, no sentimento de abandono. Um homem marcado pelo sinal de Caim, como ele, não chegaria a conhecer o sentido pleno da palavra alteridade, e menos ainda o de generosidade ou de compaixão. Seu movimento de aproximação Madalena, a quem ouvira Nogueira, Gondim e Padilha referirem-se

---

[283] Ramos G. (1934), *op. cit.*, p. 11.
[284] Veja-se que aí encontramos a referência a uma temporada na cadeia, como ocorre também com Fabiano; sendo que a real experiência de cadeia do autor situa-se cronologicamente entre os tempos das duas narrativas (março de 1936 – janeiro de 1937).
[285] Ramos, G. (1934), *op. cit.*, p. 39.

(capítulo nove) por metonímias – umas pernas, uns peitos – assume a forma de uma negociação na qual todo benefício é calculado. Nogueira sugere-lhe que convide Madalena para lecionar na escola que tenciona instalar na fazenda, assegurando-lhe que se trata de uma "excelente aquisição, mulher instruída (...)", ao que Gondim complementa: "Até lhe enfeita a casa, seu Paulo..."[286] A idéia parece interessar-lhe imediatamente.

Dois capítulos mais tarde, após a chegada de Margarida à fazenda – preta que o criara e de quem ele desconhecia o paradeiro há muitos anos –, única personagem por quem Paulo Honório conseguirá demonstrar afeição, ele amanhece um dia pensando em se casar. Nesse mesmo dia tem o primeiro atrito forte com Padilha, proprietário anterior de *São Bernardo* que agora se tornara seu empregado, antecedendo Madalena como professor na escola. Paulo Honório escutara-o ensinando as teorias marxistas a outro empregado, Marciano (cuja mulher, Rosa, servia sexualmente e em segredo ao patrão), e de imediato o expulsou aos gritos chamando-o de parasita, preguiçoso e lambaio. Desculpando-se, atemorizado, Padilha foi mantido na escola até que a chegada de Madalena, na condição de esposa do patrão, viesse a produzir uma situação insustentável ocasionada pela intensificação dos ciúmes do marido, que passara a ver em todo homem um possível amante da mulher.

Quando Paulo Honório leva a Madalena a sua definitiva proposta de casamento, ela lhe responde, após meditar algum tempo sob a janela:

– Deve haver muitas diferenças entre nós.
– Diferenças? E então? Se não houvesse diferença, nós seríamos uma pessoa só. Deve haver muitas. (...) A senhora aprendeu várias embrulhadas na escola, eu aprendi outras quebrando a cabeça por este mundo. (...)[287]

---

[286] Ibidem, p. 48.
[287] Ibidem, p. 89.

As diferenças, porém, são justamente o insuportável para Paulo Honório, e a partir da aceitação da proposta por Madalena, mesmo reconhecendo não amá-lo, e da comunicação do casamento em prazo breve a sua tia, dona Glória, ele tentará até o final reduzir Madalena a um bem patrimonial. A derradeira oposição dela aos esforços de Honório para convertê-la numa absoluta extensão narcísica de si, colocando-a a serviço de seus desígnios egoístas, se expressará por fim no gesto suicida, que adquire ali o sentido de um reencontro com a liberdade perdida.

O primeiro bate-boca entre Paulo Honório e Madalena, no oitavo dia de casamento, produto do espanto da mulher com o baixo salário de um velho empregado da fazenda, anunciaria já a erupção das diferenças antes pressentidas. A partir daí o ciúme paranóico de Honório irá expandir seu campo de ação, atribuindo ele tantos amantes a sua mulher quantos eram os homens com quem ela trocasse meia dúzia de palavras. A suspeita dirigia-se inicialmente a Gondim, o jornalista, a Nogueira, o advogado e a Padilha, o mestre-escola, mas foi aos poucos incluindo também os empregados da fazenda, os homens idosos, como o juiz de direito, o Dr. Magalhães, o Padre Silvestre e, por fim, até mesmo todos os caboclos da lavoura.

No capítulo central do livro (dezenove), conhecido como "metalingüístico" por compreender dois tempos em cotejo e interdependência, o do enunciado e o da enunciação, o narrador revive de forma quase alucinatória os diálogos com Madalena indagando-se constantemente sobre a realidade ou a ilusão das percepções e imagens evocadas, imagens que nesse momento confundem-se umas com as outras e não lhe permitem mais saber se o tempo foi ou é. Impossibilitado de recordar exatamente as imagens e as palavras, ele se exaspera e conclui que essa narrativa não serve para nada, mas não consegue, entretanto, parar de escrever. O desaparecimento do suporte externo sobre o qual se exercia o poder e através do qual se sustentava o ideal tirânico de Paulo Honório, a abolição do outro servil que, situado entre o senhor e a coisa, como nos diz Hegel[288], permitia ao primeiro

---

[288] Hegel, G. W. F. (1807). *La fenomenologia del espirito*. México: Fondo de la Cultura Econômica, 1982.

a autoconsciência senhoril, decreta a falência de uma ilusão até então produtora de realidade. Ilusão que se mantinha apenas por supor-se Honório capaz de levar o objeto à absoluta exaustão, promover sua definitiva anexação ao eu, evitando contudo a sua morte. Pois a morte do escravo decreta a falência do poder do senhor, na medida em que "O escravo, por sua vez, é aquele que diante dela (da morte) sucumbiu, trocando a liberdade pela preservação da vida".[289]

Em seu já clássico estudo sobre *São Bernardo*, J. L. Lafetá[290] irá conceder especial atenção ao simbolismo do relógio, cuja recorrência em Graciliano havíamos já destacado em um capítulo anterior. Essa imagem vai aparecer em outras obras, metaforizando sempre a marcação do tempo vital e confundindo-se, por momentos, com os batimentos cardíacos e os ritmos corporais.

Segundo Lafetá, a marcação obsessiva do tempo realça o efeito de crueldade na narrativa. A menção exata a horas, dias, semanas e meses que ocupa para a consecução de cada um de seus objetivos, seja a negociação da fazenda, o contrato de casamento, a datação minuciosa dos fatos que construíram sua ruína, demonstra a pretensão do narrador de ter sob seu total controle o Outro (a divindade, a natureza, o inconsciente) e seus desígnios, e o outro (os empregados, os concorrentes, a mulher) e seu desejo. As ações no tempo sucedem-se vertiginosamente, tendo por efeito uma rápida e firme construção do personagem; um personagem conseqüentemente veloz.

Time is money assegura a máxima capitalista, e é desse tempo-premência que o fazendeiro progressista se serve para superar em astúcia e agilidade os adversários que, um após outro, converte em coisas, em instrumentos, em utensílios a manipular. Mas Madalena resiste a essa tentativa de reificação, reluta em converter-se em objeto possuído e, portanto, em um ser desprovido de consciência, alienado da sua original condição de sujeito desejante, fruidor de prazeres e agente de direitos.

---

[289] Rosenfield, D. (2002). *Hegel*. Rio de Janeiro: Jorge Zahar Editor.
[290] Lafetá, J. L. (1934), *op. cit.*

No afã de tudo dominar, de tudo possuir e com tudo lucrar, o universo de Paulo Honório vai-se reduzindo a uma simples fórmula ou equação em que as subjetividades e as relações são incessantemente quantificadas, enquanto seu pensamento opera uma ruminação contábil que já não lhe permite mais dormir. Madalena adormecia, após cansar-se de chorar, e ele sozinho no escuro escutava o tempo, marcado pelo pêndulo, traduzindo-o em cifras e montantes:

> Uma pancada no relógio da sala de jantar. Que horas seriam? Meia? uma? uma e meia? ou metade de qualquer outra hora?
> Não podia dormir. Contava de um a cem, e dobrava o dedo mindinho; contava de cem a duzentos, dobrava o seu vizinho; assim por diante, até completar mil e ter as duas mãos fechadas. Depois contava cem, e soltava o dedo grande; mais cem, o fura-bolo; e quando chegava a dois mil as duas mãos estavam abertas. Repetia a laseira, imaginava para cada dedo que se movia um conto de réis de lucro no balanço, o que me rendia fortuna imensa, tão grande que me enjoava dela e interrompia a contagem.
> Segunda pancada no relógio. Uma hora? uma e meia? Só vendo. Erguia-me, pisava com força. Madalena continuava a dormir[291].

O capítulo trinta e um é o que relata a morte de Madalena. Entre ela e o marido os números, os cálculos e a desconfiança crescente haviam erguido muros gigantescos. A contabilidade incessante em que se havia transformado o pensar de Paulo Honório preenchia o vazio deixado pela desertificação do mundo humano. Os números tinham para ele a mesma função do "véu" (objeto-fetiche) que na relação perversa reduz o outro a uma partícula inanimada, eliminando a ameaça que ele implica para a convicção delirante de plenitude auto-erótica do sujeito[292]. "Sempre era alguma coisa saber as horas",

---

[291] Ramos, G. (1934), *op. cit.*, p. 155.

[292] Lacan, J. (1957) *O Seminário, Livro 4 – A relação de objeto*. Rio de Janeiro: Jorge Zahar Editor, 1985.

repetia consigo Paulo Honório, perambulando pela casa à noite, à espreita de possíveis amantes da mulher. Encontrando, ao entrar no escritório, uma folha escrita de forma desarticulada e incompreensível por Madalena, que demonstrava encontrar-se já num estado agravado de confusão mental, ele conclui que "Aquilo era trecho de carta, e de carta a homem"[293]. Do final da tarde até a meia-noite, tocada no relógio da sacristia, hora em que Madalena visivelmente perturbada despediu-se de Paulo Honório dizendo que iria descansar, ele a havia torturado com inúmeras perguntas e acusações. Após sua saída ele permaneceu "remoendo as palavras desconexas e os modos esquisitos de Madalena (...) até cair num sono embrulhado e penoso (...)" do qual despertou com a vela apagada e o luar entrando pela janela. "O relógio tinha parado."[294] Assim se anuncia a morte de Madalena. Paulo Honório só iria tomar conhecimento do fato ao retornar para casa, após caminhar na madrugada e banhar-se no açude, quando o sol já ia alto.

Diante do corpo inerte de Madalena, depois de tocar-lhe as mãos frias e o coração parado, ele repetiria várias vezes e sem acreditar no que via: " A Deus nada é impossível." Ele não era Deus, tardiamente o descobria. Morto o escravo, estava falido o senhor. Ele encontraria ainda uma carta extensa na qual Madalena nervosamente despedia-se dele e onde faltava uma página, a que ele encontrara à tarde, a qual motivara o massacre inquisitorial daquela noite infeliz.

À morte de Madalena segue-se o declínio de Paulo Honório; os convivas retiram-se um a um, dona Glória, seu Ribeiro, Luís Padilha, restando-lhe apenas uns "cambembes" e "patifes" como Rosa, Marciano, Casimiro, e o filho que Honório tivera com Madalena, por quem não tem sequer o sentimento de amizade.

Heróis miseráveis, isolados e tangendo o inumano, Paulo Honório e Fabiano, ambos comparáveis a animais em suas respectivas e aparentemente opostas condições, encontram-se alijados do

---

[293] Ramos, G. (1934), *op. cit.*, p. 159.
[294] Ibidem, p. 166-167.

diferencial que nos define como seres pensantes, políticos e sociais. Essa é, como em *Vidas Secas*, a imagem evocada no final de *São Bernardo*, a do aleijão de coração miúdo, lacunas no cérebro, nariz, boca e dedos enormes, um lobisomem. Em posição antagônica encontramo-los semelhantes, compartilhando uma brutalidade cega e uma ignorância mortal. Duas vítimas do desconhecimento que fazem suas vítimas à sua maneira. Vítimas que são também e mais que tudo vítimas de si mesmos. Sendo ambos senhor e escravo no mundo, um do outro, o são também no interior da própria consciência degradada.

Graciliano conheceu tão bem Fabiano (no sentido de que "foi" Fabiano), como conheceu Paulo Honório (também uma parte dele, segundo diz). Sobre Paulo Honório revela-nos inclusive ser o verdadeiro nome de um personagem real da sua infância, conforme relata na sua autopaidografia: "Alguns becos rasgavam-se no tronco: um ia ter à lagoa; outro fazia um cotovelo, dobrava para o Cavalo-Morto, areal mal afamado que findava no sítio de Seu Paulo Honório"[295], o que é reafirmado alguns capítulos adiante: "E o bando aumentava, era diante do muro de Seu Paulo Honório, um pelotão ruidoso, que enfeitava a areia com flores de mulungu."[296] Em existência contígua com um e com outro, externa e internamente, ele experimentou em seu íntimo o conflito que sua obra buscou sintetizar.

O senhor e o escravo são ambos personificações de instâncias da consciência, constituem e são constituídos por uma operação através da qual a consciência se desdobra, como nos diz Hegel, buscando por fim reconhecer-se:

> Na autoconsciência imediata, o simples eu é o objeto absoluto, mas que é para nós ou em si a mediação absoluta e que tem como momento essencial a independência subsistente. A dissolução daquela unidade simples é o resultado da primeira experiência; mediante ela produ-

---

[295] Ramos, G. (1945), *op. cit.* p. 48
[296] Ibidem, p. 82.

zem-se uma autoconsciência pura e uma consciência que não é puramente para si, mas para outra, quer dizer, como consciência que é ou consciência na figura da coisedade. Ambos momentos são essenciais; mas como são inicialmente desiguais e opostos e sua reflexão na unidade não se obteve ainda, temos que estes dois momentos são como duas figuras contrapostas da consciência: uma é a consciência independente que tem por essência o ser para si, outra a consciência dependente cuja essência é a vida ou o ser para outro; a primeira é o senhor, a segunda o escravo[297].

Nossa temível ousadia ou odiosa blasfêmia, conforme se necessite ler-nos, será a de pretender sustentar aqui a tese de que Graciliano, que, reiteramos, não escrevia sobre nada que não trespassasse o seu ser ou estivesse profundamente inscrito em sua carne, era um e era outro, o tiranizado e o tirano, o carrasco e o condenado, o Senhorio e a Servidão[298]. O fato de que a vida o tenha castigado tão duramente do berço ao túmulo, premiando-o com não mais que vinte anos de sofrida notoriedade, se tanto, demonstra-nos a virulência da alteridade que o formou, o desejo do Outro que o determinava e contra o qual ele impiedosamente se insurgia de forma implacável, como o Ahab de Herman Melville, o maior dos heróis absurdos segundo as palavras de Camus[299].

É nesse desejo, que o faz excêntrico – o desejo do outro que marcou a sua *urbild* (forma primordial) – que o sujeito se reencontra no lugar do qual se originou. Conforme nos diz Lacan "o desejo do homem encontra seu sentido no desejo do outro não tanto porque o outro detenha as chaves do objeto desejado, mas porque seu primeiro

---

[297] Hegel, G. W. F. (1807), *op. cit.*, p. 117.

[298] Conforme nos propõe Lima Vaz, "Parábola filosófica ou evocação, na forma de uma história exemplar, do percurso dialético que vai da imediata adesão à vida do indivíduo submetido à pulsão do desejo, à liberdade do indivíduo que se universaliza pela reciprocidade do consenso racional: eis a significação da figura do Senhorio e da Servidão na estrutura da *Fenomenologia*" (Lima Vaz, H.C. Senhor e escravo: uma parábola da filosofia ocidental. *Revista Síntese*, n° 21, Rio de Janeiro, 1981).

[299] Camus, A. (1951). *El mito de Sísifo*. Buenos Aires: Losada, 1953.

objeto é ser reconhecido pelo outro"[300]. Utilizando-se de Hegel e da dialética senhor/escravo Lacan articula o esforço do indivíduo no sentido da subjetivação e sustenta que "Hegel havia fornecido a teoria perene da função da própria agressividade na ontologia humana, parecendo profetizar a lei férrea da nossa época. Foi no conflito entre o senhor e o escravo que ele deduziu todo o progresso subjetivo e objetivo de nossa história".[301]

Como a satisfação da necessidade e do desejo humanos só é possível, de início, pela mediação e pelo cuidado do outro, a luta do senhor contra o escravo encena o supremo esforço do sujeito para, elevando-se da sua originária condição de passividade/dependência biologicamente determinadas, devir *auto-nomos*: "Se no conflito entre o senhor e o escravo, é o reconhecimento do homem pelo homem que está em jogo, é também numa negação radical dos valores naturais que ele é promovido"[302], defrontando-se inteiramente com esse Outro absoluto (o Nada, Deus, a Morte) que havendo gerado suas criaturas igualmente as poderá aniquilar (como Cronos devorava seus filhos ao nascerem).

A crueldade foi a matriz ideográfica na qual Graciliano constituiu o seu ser; os gritos, surras de chicote, cascudos e ameaças raivosas de que nos dá notícia em *Infância*, mostraram-lhe desde o início um mundo onde o ódio pontificava e onde a ternura insistia em ocultar-se.

Graciliano fez-se igualmente duro, seco, cruel. Foi também áspero e rigoroso com os que lhe conheceram a intimidade. Do quanto ele podia ser irritante, ciumento, rancoroso e explosivo dão notícia os depoimentos de seus próprios familiares, qu põem, porém, não menos ênfase na sua autenticidade, independência, coragem e compaixão.

Vão esforço é o dos críticos benevolentes, admiradores incondicionais e companheiros saudosos no sentido de encontrarem sempre

---

[300] Lacan, J. (1953). Função e campo da fala e da linguagem em psicanálise. In: *Escritos*, Rio de Janeiro: Jorge Zahar Editor, 1995, p. 269.
[301] Lacan, J. (1948) A agressividade em psicanálise. In: *Escritos*, p.123.
[302] Ibidem, *loc. cit.*

em Graciliano, no fundo, bem no fundo, um indivíduo essencialmente generoso. Graciliano era generoso e cruel, humanitário e desumano, humilde e arrogante, abarrotado de incoerências. Como autoridade, na condição de prefeito de Palmeira dos Índios, tanto podia promover um engraxate a aspirante a músico da banda municipal, quanto podia mandar torturar até a confissão um atirador encomendado que pretendera exterminá-lo durante um passeio de automóvel. Desfavorecido pela sorte (supliciado pelo Outro), tanto podia mandar temerariamente à "puta que o pariu" o irascível general Newton Cavalcanti[303], que a mando de Vargas o prendeu em 1936 e desejava fuzilá-lo, quanto poderia saudar efusivamente o discurso "oportuno", "honesto" e "otimista" do Presidente Getúlio Vargas no dia 1° de janeiro de 1938(?)[304]. Nunca deixou, no entanto, de reconhecer-se em contradição.

Humano, demasiado humano foi Graciliano Ramos, e essa é a principal qualidade que o distingue e que constitui a excelência da sua obra. As tentativas de "santificação" contrariariam o seu permanente empenho em ser maximamente fiel ao que no centro de si momentaneamente se agitava: a pretensão de ser o mais autenticamente possível ele mesmo, bom ou mau, mas sobretudo ele mesmo.

---
[303] Ramos, R. (1992). *Graciliano: retrato fragmentado*. São Paulo: Siciliano, p.49.
[304] Ramos, G. (1962). *A marcha para o campo*. In: *Linhas tortas*. Rio de Janeiro, São Paulo: Record, 1994, p. 124- 127.

4

O DESESPERO PRÉ-SENTIDO: SOBRE ESPERTOS E OTÁRIOS, LUZES E TREVAS, CORDAS E CACHAÇOS E AS MÚLTIPLAS DIMENSÕES DO OUTRO

Dividindo a crítica, por serem citados com alternada freqüência como "a obra prima" de Graciliano Ramos, *Angústia*[305], *Infância*[306] e *Memórias do Cárcere*[307] compõem um notável triângulo ficcional/confessional e possuem implicações e interdependências tantas a ponto de constituírem, quando postos em relação, um espesso tecido de vozes que se entrecruzam e de realidades que se interpenetram de maneira bastante impressionante.

Angústia foi publicado em agosto de 1936, durante o período em que Graciliano encontrava-se na cadeia (março de 36 – janeiro de 37). O livro teve uma tiragem de dois mil exemplares e chegaria à enfermaria da Casa de Correção – onde o autor se encontrava debilitado depois do retorno de onze dias na Colônia Correcional de Ilha Grande – pelas mãos de Heloísa, sua mulher.

---
[305] Ramos, G. (1936). *Angústia*. Rio de Janeiro: Record, 1975.
[306] Ramos, G. (1945). *Infância*. Rio de Janeiro: Record, 1975.
[307] Ramos, G. (1953). *Memórias do Cárcere*. 2 vol. São Paulo: Record, 1975.

Saudado pela crítica de forma entusiástica, o livro era, segundo seu filho, Ricardo Ramos, um dos xodós do pai, que embora assegurasse não ter preferência "morria de amores pelo romance"[308]. Quando falava do livro a voz de Graciliano mudava e sua expressão fisionômica alterava-se, denotando um envolvimento maior e mais pessoal com essa obra.

Segundo Ricardo, esse teria sido, talvez, o seu livro mais sofrido, aquele que mais especialmente lhe dizia respeito. Conforme assinala também Octávio de Faria[309], o Luís da Silva de *Angústia*, o Paulo Honório de *São Bernardo* e o João Valério de *Caetés* não passam os três de projeções da pessoa de Graciliano Ramos; mas Luís da Silva, como acrescenta ainda Antonio Candido, é um "personagem criado com premissas autobiográficas; e *Angústia*, autobiografia potencial a partir do *eu* recôndito"[310].

Sobre o personagem principal de *Angústia* escreve Candido: "(...) nota-se que a sua meninice é, pouco mais ou menos, a narrada em *Infância*. Só que reduzida a elementos da etapa anterior aos dez anos, quando morou na fazenda à sombra do avô materno (aqui, paterno), e na vila de Buíque." E correlacionando o romance com o grande relato autobiográfico da estadia de Graciliano na prisão, acrescenta o erudito ensaísta e crítico literário:

> Pelas Memórias do Cárcere sabemos ainda que emprestou a este emoções e experiências dele próprio, inclusive o desagrado pelo contato físico e o episódio com a filha da dona da pensão, no cinema, que o obseda. E não é difícil perceber que deu a Luís da Silva algo de muito seu: a vocação literária, o ódio ao burguês e coisas ainda mais profundas[311].

---

[308] Ramos, R. (1992). *Graciliano: retrato fragmentado*. São Paulo: Siciliano.
[309] Faria, O. (1969). *Graciliano Ramos e o Sentido do Humano*. In: Brayner, S. (1977), *Graciliano Ramos – fortuna crítica 2*. Rio de Janeiro: Civilização Brasileira, p. 175-187.
[310] Candido, A. (1992). *Ficção e Confissão: ensaios sobre Graciliano Ramos*. Rio de Janeiro: Editora 34, p. 41.
[311] Ibidem, p. 41.

Além de *Angústia* ser considerado o mais autobiográfico de seus romances, é também nele que o niilismo de Graciliano, sua "filosofia do nada", mais cabalmente se expressará, conforme assinala Álvaro Lins[312].

Se *Angústia* é, porém, o mais autobiográfico dos romances e o mais verossímil como retrato ficcional do autor, ele é representativo não de toda sua obra, mas de uma fase dela, a mais sombria, a mais longa, a mais importante e definidora do caráter literário de Graciliano Ramos. Há, porém, de acordo com Gama e Mello[313] – crítico que insistimos em nomear por haver escrito um breve e inusitado ensaio onde propõe a divisão da produção escrita graciliânica em dois períodos – uma fase que antecedeu o ingresso no mundo de sombras, solidão e impiedade no qual seus personagens irão se movimentar a partir de *São Bernardo*[314]. Há um mundo claro inicial, detalhadamente descrito e caracterizado em povoada perspectiva urbana e igualmente matizado pelas vivências pessoais do autor, que encontramos no seu romance de estréia, *Caetés*[315]. Era exatamente dessa forma que o próprio Graciliano definia a sua produção escrita dos começos, numa carta a seu pai, Sebastião Ramos, em 1915: "Eu só escrevo coisas alegres, mesmo quando estou triste. Coisas tristes, faço-as também, às vezes, mas para meu uso particular, para a gaveta e para as traças."[316]

Marcado pela influência eciana e pela estética naturalista, ele irá escrever um primeiro romance claro, luzidio, em que as longas descrições de cenas cotidianas, as atividades rotineiras e as conversações prosaicas ambientadas no trabalho, no bar, nos lares, criam um ambiente citadino e comum. Simplicidade a sob a qual se movimentam forças magníficas e se sucedem acontecimentos bom-

---

[312] Lins, A. (1947) *Valores e Misérias das Vidas Sêcas*. Prefácio a *Vidas Secas*. São Paulo: Martins, 1973.
[313] Gama e Mello, V. (1955). *O humanismo incidente de Graciliano Ramos*. In: Brayner, S. (1977), *Graciliano Ramos – fortuna crítica 2*. Rio de Janeiro: Civilização Brasileira, p. 233-237.
[314] Ramos, G. (1934). *São Bernardo*. Rio de Janeiro: Record, 1996.
[315] Ramos, G. (1933). *Caetés*. Rio de Janeiro: Record, 1982.
[316] Ramos, G. (1981). *Cartas*. Rio de Janeiro: Record, p. 55.

básticos, sem que em nenhum momento, porém, a bandeira do trágico se desfralde ali inteiramente. Estamos aqui mais próximos da farsa, da *sotie*, em que o tratamento jocoso da desgraça mal oculta a má-fé daqueles que a patrocinaram.

João Valério é um medíocre que domestica a própria mediocridade e utiliza o poder miserável de que se enfatua a sua pseudo-intelectualidade para atingir objetivos pequenos, mesquinhos e mesmo criminosos. A morte súbita de Adrião, após saber por carta anônima que a mulher o traía com Valério, seu funcionário por quem nutria especial afeição, definirá o protagonista por um máximo de vileza e de desconsideração. Se como personagem ele é de certa forma um "asno insigne", como diria Shakespeare, é também e certamente um asno esperto, aquele que ri melhor tanto no início como no fim.

Para Gama e Melo, depois de *Caetés* Graciliano perdeu uma das suas melhores qualidades devido à "secura que lhe invadiu a alma", qualidade que atravessa notavelmente esse romance "leve" no qual ele retrata a sua Palmeira dos Índios, pequena cidade interiorana onde foi comerciante, prefeito e iniciou-se como escritor: o bom humor.

Entre *Caetés* e *São Bernardo* ocorreria a "transformação" que o crítico aponta, mas não alcança explicar. Ressaltando as qualidades de espirituosa ironia do primeiro romance de Graciliano, escreve Gama e Melo a respeito de *Caetés*:

> Como o Doutor Castro, o Nazaré, o padre Atanásio, o Isidoro, todos contribuem com a sua parte de cômico para a feitura desse ameno Caetés, marco no espírito de Graciliano Ramos, que depois de escrevê-lo cuidaria de voltar-se apenas para as sombras, as regiões sem luz, os demônios, esquecida a observação do mundo exterior, as cores, formas das cidades e das casas, esquecido da bondade que merecem as criaturas. Tão voltado ficou para os seus novos mundos obscuros que chegou a arrepender-se de um dia ter usado a luz em Caetés[317].

---
[317] Gama e Mello, V. (1969), *op. cit.*, p. 237.

De fato, Graciliano não cansava de desculpar-se por ter uma vez escrito esse livro. Seu primeiro romance, no entanto, em flagrante contraste tonal com o terceiro, evidencia em aparente antítese com este as duas faces de uma mesma moeda oxidada. *Caetés* nos familiarizaria com o cinismo e a desfaçatez social de um pobre diabo "esperto", enquanto *Angústia* nos impactaria com a errática trajetória íntima de um pobre diabo "otário". Essa antinomia teria implicações ontológicas, filosóficas e mesmo cosmogônicas para o velho Graça, e apareceria constantemente nos seus escritos até o final.

As palavras que colocamos entre aspas estão sendo assim salientadas por uma razão especial: elas possuem uma verdadeira pregnância categorial na obra de Graciliano Ramos e são designativas de uma tipificação dos dois gêneros de indivíduos pelos quais estaria, real e moralmente, constituído o mundo da vida (*lebenswelt*) no qual nos movimentamos todos.

A origem dessa antinomia antropológico/literária nos é relatada no curso das suas rememorações incompletas do período de detenção e que irão constituir o texto do seu grande depoimento autobiográfico, postumamente publicado, ao qual originalmente ele havia dado o título de *Cadeia*.[318]

Durante o quase ano em que viveu na prisão, Graciliano fez vários amigos, alguns dos quais ele relembraria para o resto da vida como caracteres que o impressionaram profundamente e de cuja amizade nunca mais se esqueceu. Gaúcho foi um deles. Graciliano dedica a ele o capítulo 17 do terceiro livro de *Memórias do Cárcere* (Colônia Correcional).

Esse arrombador profissional, conforme relata Graciliano em suas *Memórias*, possuía um notável talento narrativo para contar casos nos quais era geralmente o protagonista. Começou a aproximar-se de Graciliano à noite. Acocorava-se junto a sua esteira e ali permanecia, até a hora do silêncio, a entretê-lo com a narração de suas complicadas aventuras.

---

[318] Ramos, R. *Graciliano: retrato fragmentado*, p. 206.

– Os homens, dizia Gaúcho, dividem-se em duas classes: malandros e otários, e os malandros nasceram para engrupir os otários.
Ria-me com a franqueza do meu esquisito amigo:
– Eu, naturalmente, devo figurar na categoria dos otários, não é verdade?
– Se vossa mercê não é malandro... Só há duas classes.
Logo no segundo ou terceiro encontro o arrombador me fez esta observação curiosa:
– Vossa mercê usa panos mornos comigo, parece que tem receio de me ofender. Não precisa ter receio, não; diga tudo: eu sou ladrão.
– Sim, sim, retruquei vexado. Mas isso muda. Lá fora você pode achar ofício menos perigoso.
– Não senhor, nunca tive intenção de arranjar outro ofício, que não sei nada. Só sei roubar, muito mal. Sou um ladrão porco[319].

Esse "escrunchante", conforme ele mesmo gostava de alcunhar-se, traduzia em linguagem tosca e precisa a *weltanschauung*[320] que está literariamente apresentada nos dois romances de Graciliano Ramos que aqui enfocamos, *Caetés* e *Angústia*, onde propomos caracterizar como "malandro" o protagonista da primeira história e como "otário" o personagem principal da segunda.

O que também surpreende ao cotejarmos os romances, desde essa perspectiva binária que a "classificação" de Gaúcho propõe, é o fato de que ao deslocamento de um pólo ao outro do personagem principal corresponde também uma mudança de lugar da sua vítima/algoz. Assim, para o servo malandro, João Valério, oferece-se um senhor otário, Adrião Teixeira; enquanto ao servo otário, Luís da Silva, corresponde um senhor malandro, Julião Tavares. Conseqüência disso é que tendamos, como leitores, a penalizar-nos compungidos do infarto que vitima Adrião e a satisfazer-nos justamente com o assassinato de Julião.

---

[319] Ramos, G. (1953), *op. cit.*, p. 87.
[320] Visão de mundo, cosmovisão.

Sim ou Não? Sim. Não. Nervosa polaridade criada pela ambivalência e pela contradição, cisma que atravessa a obra de Graciliano (maximamente explorado em *Insônia*[321], no conto que dá título ao livro, onde uma suposta situação de enforcamento centraliza o fluxo das idéias, e em *Angústia*, na hesitação de um Luís da Silva arruinado, antes de cometer a "ação miserável" de furtar as moedas da empregada – Vitória – enterradas no fundo do quintal) evidenciando um constante debater-se entre céus e infernos que compõe o seu cotidiano de escritor e que o faz, a cada tanto, reiterar em diferentes textos de crítica, crônica, contos e romances essas duas alternativas: *Sim ou Não? Sim. Não.* Verdadeiro dilema hamletiano no qual o autor parece estar preso e que mesmo nas *Memórias do Cárcere* o levará a alternar momentos de orgulho e de nojo de si próprio, de bravura e de acanalhamento, de desejo de matar e de morrer, degradar e degradar-se, calar e xingar, sublevar-se e submeter-se, e que é a nosso ver uma "pedra de Roseta" até hoje mal-decifrada por obra de certo protecionismo, por parte dos críticos e historiadores da literatura, para com uma obra e um autor que nunca pretenderam poupar nem proteger a si próprios.

Numa crônica publicada em *Viventes de Alagoas*[322], e intitulada "Transação de cigano", Graciliano reapresenta a teoria moral de Gaúcho da seguinte maneira:

> Um punguista me afirmou há tempo que a sociedade se compõe de malandros e otários. Não seria possível achar um terceiro grupo: até nos indivíduos mais inexpressivos há, latentes, as qualidades que determinam uma das duas categorias. Inútil querermos destruir a ordem natural. O malandro veio ao mundo para esfolar, o otário deve ser esfolado – e, quer estejamos de acordo quer não estejamos, a operação dolorosa tem de realizar-se, porque isto é a vontade de Deus[323].

---

[321] Ramos, G. (1947). *Insônia*. São Paulo: Record, 1977.
[322] Ramos, G. (1961). *Viventes das Alagoas*. Rio de Janeiro, São Paulo: Record, 1980.
[323] Ibidem, p. 100.

Veja-se que a endossada referência à divindade, por parte desse confesso "ateu graças a deus", seco e cético até as portas da morte, introduz, entretanto, uma espécie de fatalismo maniqueu que não permite ao indivíduo ocupar posição intermediária entre o diabólico e o angelical. Esse terceiro lugar é, porém, buscado aflitivamente, conflitivamente, exaustivamente por Graciliano em cada personagem que constrói. Eles, contudo, não estão livres de escorregar, no decorrer do texto, para um desses dois lugares, o reino da virtude ou o do vício, conforme a formulação sentenciada soberbamente por Gaúcho e que tamanha ressonância encontrou na realidade psíquica do autor.

A razão pela qual Luís da Silva sobrepõe-se a João Valério, como personagem e herói, se deve principalmente ao fato de ajustar-se mais intimamente à emergente necessidade de Graciliano de revelar-se. É exatamente a notável articulação biográfica do personagem/narrador com o autor que lhe fornece a "carne" necessária para obter a excelência narrativa pretendida. O tão reivindicado alicerce vivencial para a construção do texto ficcional é mais claramente enunciado, talvez como em nenhum outro lugar, em uma carta que Graciliano escreve para a irmã, Marili, em 1949, comentando um conto que ela acabara de publicar: "Mariana". Com a secura costumeira Graciliano diz à irmã que o achou apenas apresentável e que se ocupará mais dos seus defeitos do que das suas qualidades. Acrescenta então:

> As caboclas de nossa terra são meio selvagens. Como pode você adivinhar o que se passa na alma delas? Você não bate bilros nem lava roupa. Só conseguimos deitar no papel os nossos sentimentos, a nossa vida. Arte é sangue, é carne. Além disso, não há nada. As nossas personagens são pedaços de nós mesmos. Só podemos expor o que somos. E você não é Mariana, não é da classe dela. Fique na sua classe, apresente-se como é, nua, sem ocultar nada. Arte é isso (...) Em Mariana você mostrou umas coisinhas suas. Mas – repito – você não é Mariana. E – com o perdão da palavra – essas mijadas

curtas não adiantam. Revele-se toda. A sua personagem deve ser você mesma[324].

Duro irmão, santo irmão! Graciliano não conseguia ser menos rude, frugal e exigente para com os outros, fossem quem fossem, do que era consigo mesmo. O que diz à irmã é a prova viva de que a autenticidade, o vigor e o brilho de um texto literário têm como premissa o desnudamento amplo da alma do autor. Escrever implica um gesto tão sofrido, tão profundamente doloroso e de difícil realização quanto costurar a própria carne retalhada. Ela escorrega, esgaça-se, rasga-se a cada trespasse da agulha que arranca urros do sujeito/objeto desse ato. A escrita metaforiza mais uma sangria do que uma excreção. Esse gesto temerário, que é o único capaz de conferir dignidade, verdade e nobreza ao texto, Graciliano Ramos parece supor ter atingido plenamente apenas em *Angústia*. Antes disso podemos observar uma perseverante e aplicada transição: de jornais, poesias, crônicas, ensaios críticos, aos primeiros romances, *Caetés* e *São Bernardo*; depois, a preparação para a instituição do *eu-personagem* que se afasta do texto, torna-se heterodiegético em *Vidas Secas*[325], para fazer-se texto, desfazer-se em texto, ser o nó do tecido em *Infância* e em *Memórias do Cárcere*.

Se concordarmos que Luís da Silva é, retomando a afirmação de Antonio Candido, um "personagem criado com premissas autobiográficas; e *Angústia*, autobiografia potencial a partir do eu recôndito", está então sugerido que deveremos penetrar o mais intimamente possível na subjetividade do romance para extrair dele os principais efeitos perlaborativos ("sublimatórios") que entremesclam a vida e a obra do autor de forma a atender a seu projeto maior, a síntese literária do *self* subjetivo estilhaçado que através da tessitura da própria obra ele nos permite gradativamente conhecer.

---

[324] Ramos, G. (1981), *Cartas*, p. 197.
[325] Ramos, G. (1938). *Vidas Secas*. São Paulo: Martins, 1973.

Partiremos, portanto, da afirmação de que *no centro de Angústia há um nó*. Nó desatado, nó ausente, nó cego, nó a ser dado que busca o tempo, o espaço e o agente para a obtenção do efeito de síntese (laçada) histórica e subjetiva que são intimamente dependentes da sua realização. Dizíamos antes que, para Graciliano, o principal instrumento de suplício era a corda. Significante este que se desloca através da obra estendendo o fio pelo qual se narra a história dos personagens e do autor, e que se desenrola seguindo uma ordem principal: corda-cobra-colarinho-canos-chicote-cinturão.

Permitamos-nos agora um inicial alinhavo comparativo – tomando como premissa a tese de Antonio Candido – entre as infâncias de Luís da Silva, o narrador/personagem, e de Graciliano Ramos, o autor.

A viagem de Luís da Silva rumo ao passado inicia-se a bordo de um bonde que ele costuma tomar sem destino definido, deixando-se transportar em voltas intermináveis pela cidade com o principal propósito de desanuviar e afastar-se de pessoas e imagens que o apoquentam, entre as quais imediatamente destacam-se as de Marina e de Julião Tavares.

O bonde ruma para oeste e parece dirigir-se para o "interior". Mais que no espaço, porém, parece mover-se no tempo. Luís tem, então, a impressão de que ele vai levá-lo ao seu município sertanejo, à sua terra natal. Esse deslocamento em direção ao centro e à origem de si mesmo aporta vívidas e profusas imagens da sua infância. A primeira delas é a do avô paterno, Trajano Pereira de Aquino Cavalcante e Silva, que ele conheceu com idade muito avançada, quando os negócios na fazenda andavam já muito mal.

Embora Antonio Candido sugira que este avô paterno de Luís da Silva está caracterizado segundo a imagem do avô materno de Graciliano, o personagem não parece corresponder fielmente às descrições de ambos os avós que encontramos em *Infância*.

O avô paterno aparece ali como havendo influenciado negativamente o neto. Dele, um antigo proprietário de terras e engenhos arruinado, Graciliano crê que herdou a vocação para as coisas inúteis.

Fracassado, retraído e pouco prestigiado na família, este avô ocupava-se a maior parte do tempo em construir urupemas (cestos de vime). A descrição do outro avô contrasta fortemente com essa figura frágil, enfermiça e decadente. Sua imagem sugere firmeza, vitalidade e coragem no enfrentamento dos revezes da vida. Um sereno conhecimento dos animais e um tino administrativo natural permitiam-lhe prosperar, ainda que sem maiores abundâncias, em meio à seca que assola o sertão.

De forma que, segundo tudo indica, se quisermos apontar com segurança e precisão a procedência biográfica do personagem ficcional, estaremos muito freqüentemente equivocados. Conforme dissemos antes, e em acordo com a afirmação do próprio autor, seus personagens são compostos por pedaços de imagens de pessoas, resíduos de afetos e vivências, sempre intimamente relacionadas com as do autor e processadas pelo trabalho artístico literário de forma a evidenciarem, catártica e perlaborativamente, aspectos significativos, embora nem sempre imediatamente visíveis, das dimensões consciente e inconsciente do *self*.

O cenário desolador da fazenda descrita em *Angústia*, crepitando de miséria sob o sol implacável, que se assemelha e provavelmente preparou a ambientação do romance imediatamente posterior, *Vidas Secas*, demonstra ter sido inspirado pelas vivências do autor que estão relatadas em *Infância*; esses três livros apresentam, inclusive, alguns personagens que lhes são comuns:

> Dez ou doze reses, arrepiadas no carrapato e na varejeira, envergavam o espinhaço e comiam o mandacaru que Amaro vaqueiro contava nos dedos. O cupim devorava os mourões do curral e as linhas da casa. No chiqueiro alguns bichos bodejavam. Um carro de bois apodrecia debaixo das catingueiras sem folhas. Tinham amarrado no pescoço da cachorra Moqueca (a Baleia de Vidas Secas) um rosário de sabugos de milho queimados[326].

---
[326] Ramos, G. (1936), *op. cit.*, p. 11.

Nesse cenário infantil dolorosamente evocado em *Angústia*, em meio à modorra geral, o pai de Luís, Camilo Pereira da Silva (observe-se aqui a redução, representativa da decadência, do nome pomposo do avô até a aviltante forma final no neto, Luís da Silva, o mais vulgar dos nomes, no neto, como observa Donaldo Schüler[327]) passava o dia deitado numa rede, no copiar, fazendo cigarros de palha e lendo romances históricos. Sua avó, Germana, dava ordens para escravas inexistentes, enquanto o velho Trajano tomava pileques tremendos e saía de ceroulas e camisão para encontrar ex-escravos com quem jogava e bebia um pouco mais.

Em *Infância* a decadência da fazenda e a perda do poder paterno são bastante similarmente descritas:

> O açude apojado, a roça verde, amarela e vermelha, os caminhos estreitos mudados em riachos ficaram-me na alma. Depois veio a seca. Árvores pelaram-se, bichos morreram, o sol cresceu, bebeu as águas, e ventos mornos espalharam na terra queimada uma poeira cinzenta. Olhando-me por dentro, percebo com desgosto a segunda paisagem. Devastação, calcinação[328].

No entanto, o autor nos alerta para a necessária transfiguração que a experiência vivida (sempre insuperavelmente opaca e efetivamente irrecuperável) deverá sofrer ao converter-se em arte:

> O hábito me leva a criar um ambiente, imaginar fatos a que atribuo realidade. Sem dúvida as árvores se despojaram e enegreceram, o açude estancou, as porteiras dos currais se abriram, inúteis. É sempre assim. Contudo ignoro se as plantas murchas e negras foram vistas nessa época ou em secas posteriores, e guardo na memória um açude cheio e coberto de aves brancas e de flores[329].

---

[327] Schüler, D. (1993). *Angústia, romance e salto*. In: Fischer, L. A. (Org.) *Graciliano Ramos*. Cadernos Porto&Vírgula. Porto Alegre: Secretaria Municipal da Cultura.
[328] Ramos, G. (1945), *op. cit.*, p. 20.
[329] Ibidem, p. 26.

E mostrando notável conhecimento sobre o processo de transmutação (de ressignificação *a posteriori* [*nachträglishkeit*]) que o tratamento artístico das imagens sofre, em seu trânsito pela memória e pela consciência subjetivante do autor, acrescenta Graciliano Ramos:

> Talvez até o mínimo necessário para caracterizar a fazenda meio destruída não tenha sido observado depois. Certas coisas existem por derivação e associação; repetem-se, impõe-se – e, em letra de forma, tomam consistência, ganham raízes. Dificilmente pintaríamos um verão nordestino em que os ramos não estivessem pretos e as cacimbas vazias. Reunimos elementos considerados indispensáveis, jogamos com eles, e se desprezamos alguns, o quadro parece incompleto[330].

No capítulo seguinte descreve-se a imediata conseqüência dessa catástrofe natural regular nordestina sobre o estado emocional do pai e o prenúncio da mudança que a falência estimulava:

> Meu pai era terrivelmente poderoso, e essencialmente poderoso. Não me ocorria que o poder estivesse fora dele, de repente o abandonasse, deixando-o fraco e normal, um gibão roto sobre a camisa curta. Sentado junto às armas de fogo e aos instrumentos agrícolas, em desânimo profundo, as mãos inertes, pálido, o homem agreste murmurava uma confissão lamentosa à companheira. As nascentes secavam, o gado se finava no carrapato e na morrinha. Estranhei a morrinha e estranhei o carrapato, forças evidentemente maiores que meu pai. Não entendi o sussurro lastimoso, mas adivinhei que ia surgir a transformação. A vila, uma loja e dinheiro entraram-me nos ouvidos[331].

---

[330] Ibidem, p. 26.
[331] Ibidem, p. 29.

Após a morte da avó, do avô, e a falência completa da fazenda, Luís da Silva e o pai foram juntos morar na vila. Esse cenário que acompanha a mudança da fazenda para a vila, e que não é detalhadamente descrito em *Angústia*, evidencia igualmente sua origem biográfica na experiência pessoal do menino Graciliano conforme relatada num capítulo de *Infância*, "Chegada à vila", quando por força da falência do pai a família precisou mudar-se para a vila de Buíque, onde Sebastião Ramos iria tornar-se comerciante.

Da mesma forma, Amaro Vaqueiro e José Baía são pessoas reais, empregados da fazenda do pai, que fizeram parte da infância de Graciliano e que são introduzidos, com os seus nomes verdadeiros, como personagens ficcionais de *Angústia*. Eles foram também "Fabianos possíveis", como sugere Antonio Candido, supondo enraizar-se nestas imagens marcantes a forma final dada ao personagem principal de *Vidas Secas*.

Em *Infância*, Graciliano os apresenta no primeiro capítulo do livro, "Nuvens", juntamente com a sua família, por meio de imagens nebulosas e rememorações fragmentárias; são "figuras indecisas" que passam através de "rasgões num tecido negro", conforme escreve o autor: "Amaro vaqueiro, caboclo triste, encourado num gibão roto; Sinhá Leopoldina, companheira dele, vistosa na chita cor de sangue; mulheres que fumavam cachimbo", e logo: "Mais vivo que todos avulta um rapagão aprumado e forte, de olhos claros, risonho. (...) Chamava-se José Baía e tornou-se meu amigo, com barulho, exclamações, onomatopéias e gargalhadas sonoras."[332] Mesmo nesse caso a *persona* descrita não coincide exatamente com o original, podendo-se perceber uma clara intenção do autor de exagerar-lhe certos traços inibindo outros. O José Baía de *Infância*, trabalhador pacífico e bem-humorado, converte-se em *Angústia* num cabra igualmente fiel ao patrão, porém destemido e terrível para os inimigos, que marcava no cano da arma o número de mortos que já havia fabricado.

---
[332] Ibidem, p. 12.

Vitória, a empregada obstinada e verbigerante de Luís da Silva, parece ser inspirada nas muitas empregadas – grande parte delas escravas libertadas que permaneciam na casa por não ter para onde ir – como Quitéria e suas filhas; Luísa, intratável e vagabunda, Maria, que nunca deixou de ser escrava, e Joaquina, que substituiu a mãe na cozinha até que a família não teve mais como sustentá-la. O nome Vitória provém, no entanto, de uma escrava voluntária do avô materno, que era manca e tinha um temperamento irascível, resmungando sempre ao ser mandada pela patroa, mas que protegia Graciliano em sua saia dando-lhe segurança quando ele se encontrava em apuros.

O pai de Luís da Silva, que ao apresentar o filho para o professor que iria alfabetizá-lo diz ao mestre que trate de "desasnar esse cavalo de dez anos que ainda não conhece a mão direita"[333], demonstra a mesma brutalidade e opera o mesmo discurso animalizante que o pai de Graciliano Ramos, que após brutalizar o filho na tentativa de enfiar-lhe para dentro da cabeça o alfabeto, de forma extremamente inábil e aterrorizante, desiste dele supondo-o idiota e o entrega sem nada apostar nele a seu primeiro mestre.

Retornemos, porém, ao significante "corda" e ao problema do enforcamento e procuremos aproximar-nos mais do núcleo narrativo de *Angústia*, que compreende os personagens principais, Marina, Julião, e o protagonista, e tentemos esclarecer um pouco mais as motivações da "gênese do crime", já não conforme abordada por Massaud Moisés[334] numa tentativa algo desajeitada de aplicar a psicanálise à interpretação da novela rastreando as motivações inconscientes para o ato, mas procurando fazê-la dialogar com a biografia autografada do *autor* que – ao menos no que tange aos critérios intrínsecos ao pacto autobiográfico – distingue-se formalmente do *narrador* e do *personagem* principal.

---

[333] Ramos, G. (1936), *op. cit.,* p. 13.
[334] Moisés, M. (1953). *A gênese do crime em Angústia, de Graciliano Ramos.* In: Brayner, S. (1977), *Graciliano Ramos – fortuna crítica 2.* Rio de Janeiro: Civilização Brasileira, p. 221-232.

Logo no início do livro, dentro da intencional repassagem de sua vida de criança sertaneja, a busca de "um refúgio no passado", deparamo-nos com uma justaposição de cenas da infância do narrador nas quais a experiência da "asfixia" é central. A principal evoca, mais uma vez, a brutalidade paterna por ocasião da chegada das chuvas no sertão. O aguaceiro permitia que as crianças desfrutassem de alegrias das quais se viam privadas durante a maior parte do ano. O Poço da Pedra, piscina natural que era provida pela água do rio Ipanema, constituía uma delas. Ali, Camilo Pereira da Silva levava o filho Luís com o propósito de ensiná-lo a nadar. Nesse lugar as cobras tomavam banho com as crianças, mas como estavam dentro da água não mordiam. O pai o levava para um lugar fundo e jogava-o por um braço para dentro da água. Logo o puxava para cima e permitia que o menino respirasse um pouco, em seguida voltava a submergi-lo. A tortura a que era submetida fazia com que a criança temesse ser morta pelo carrasco eventual:

> Com o correr do tempo aprendi natação com os bichos e livrei-me disso. Mais tarde, na escola de Mestre Antonio Justino, li a história de um pintor e de um cachorro que morria afogado. Pois para mim era no Poço da Pedra que se dava o desastre. Sempre imaginei o pintor com a cara de Camilo Pereira da Silva, e o cachorro parecia-se comigo.
> Se eu pudesse fazer o mesmo com Marina, afogá-la devagar, trazendo-a para a superfície quando ela estivesse perdendo o fôlego, prolongar o suplício um dia inteiro...[335]

Observe-se como nessa passagem ocorre a espontânea revelação, por associação livre, das origens do elemento sádico operante nas fantasias vingativas que antecedem e sustentam o gesto homicida de Luís da Silva contra o rival – e algoz imaginário – Julião Tavares. O parágrafo seguinte introduz em seqüência as idéias da corda e do enforcamento.

---
[335] Ramos, G. (1936), *op. cit.*, 15.

Ponho-me a vagabundear em pensamento pela vila distante, entro na igreja, escuto os sermões e os desaforos que Padre Inácio pregava aos matutos: – "Arreda, povo, raça de cachorro com porco." Sento-me no paredão do açude, ouço a cantilena dos sapos. Vejo a figura sinistra de Seu Evaristo enforcado e os homens que iam para a cadeia amarrados de cordas. Lembro-me de um fato, de outro fato anterior ou posterior ao primeiro, mas os dois vêm juntos[336].

O Padre João Inácio foi também um personagem real no universo infantil do menino Graciliano, conforme ele nos faz saber em *Infância*, num capítulo que leva por título o nome do vigário. É desse padre engajado em causas sociais e sanitárias, que por seu temperamento irascível aparecia monstruoso e temível aos olhos das crianças, que o autor vai buscar o dito imprecatório enunciado por ocasião de uma campanha de vacinação contra a varíola organizada pelo religioso. Quando o povo ignorante fugia da agulha e evitava ter os braços furados, Padre João Inácio "insultava a canalha, raça de cachorro com porco".

No final do primeiro terço de *Angústia*[337] encontramos a cena que supomos ser o centro imanente da fantasia de estrangulamento que motiva o ímpeto vingativo de Luís da Silva ao longo de todo o livro. Essa cena opera sob a forma de uma "recordação encobridora" tal como a descreveu Freud[338], ou seja, como uma imagem que protegendo substitutivamente fatos e personagens através do deslocamento espaço-temporal traz inscrito um significado possível e ignorado pelo sujeito ao qual se articulam suas emoções mais intensas e interditadas. A cena referida ocorre logo após Luís da Silva haver surpreendido, pela primeira vez, Julião e Marina debruçados nas janelas em atitude suspeita. Julião, que interessado na pequena passara a freqüentar a casa de Luís, pregava os olhos em Marina, que da janela vizinha se derretia para ele.

---

[336] Ibidem, p. 15.
[337] *Op. Cit.*, p. 73.
[338] Freud, S. (1899). *Los recuerdos encobridores*. Obras Completas, Madrid: Biblioteca Nueva, 1973.

O ato criminoso vai tomando forma a partir da visão repulsiva do pescoço gordo de Julião Tavares, o "cachaço oleoso e papudo" do canalha que tinha o hábito de deflorar mocinhas pobres e desamparadas.

> Empurrei a porta brutalmente, o coração estalando de raiva, e fiquei em pé diante de Julião Tavares, sentindo um desejo enorme de apertar-lhe as goelas. O homem perturbou-se, sorriu amarelo, esgueirou-se para o sofá, onde se abateu.
> – Tem negócio comigo?
> A cólera engasgava-me. Julião Tavares começou a falar e pouco a pouco serenou, mas não compreendi o que ele disse. Canalha. Meses atrás se entalara num processo de defloramento, de que se tinha livrado graças ao dinheiro do pai[339].

Após breve e irada discussão com Julião Tavares, Luís da Silva recorda-se subitamente da cena a que nos referimos e na qual se explicita a imagem em que baseamos a nossa proposição de que *Angústia* tem como núcleo um nó. Esse nó se espetaculiza, ao modo de um sintoma, na cena descrita pelo enroscamento de uma cobra cascavel ao redor do pescoço do avô:

> Lembrei-me da fazenda de meu avô. As cobras se arrastavam no pátio. Eu juntava punhados de seixos miúdos que atirava nelas até matá-las. Às vezes a brincadeira se prolongava, mas afinal as cobras morriam, e perto dos cadáveres ficavam montes de pedras. Certo dia uma cascavel se tinha enrolado no pescoço do velho Trajano, que dormia no banco do copiar. Eu olhava de longe aquele enfeite esquisito. A cascavel chocalhava, Trajano dançava no chão de terra batida e gritava: – "Tira, tira, tira"[340].

A narração dessa cena se completa, sem solução de continuidade, por uma referência algo obscura do ponto de vista do fluxo da

---
[339] Ramos, G. (1936), *op. cit.*, p. 101.
[340] Ibidem, p. 73.

consciência e que envolve a figura do pai em movimento; uma associação que só poderemos entender se tomarmos o deslocamento inconsciente do significante "cobra" em seu desdobramento antes sugerido – cobra, corda etc... – em relação direta com a parte do corpo em questão, o pescoço:

> As alpercatas de Amaro Vaqueiro iam do curral dos bois ao chiqueiro das cabras. Em dias de pega Camilo Pereira da Silva desenroscava-se, vestia o gibão, calçava as perneiras. O barbicacho do chapéu de couro terminava debaixo do queixo numa borla que lhe fazia uma barbinha ridícula. Assim paramentado, Camilo Pereira da Silva andava emproado como um galo, e as rosetas das esporas de ferro tilintavam[341].

A estranha descrição da figura do pai, colocada em animação, remete ao movimento sinuosamente preguiçoso da serpente. A pressa de Amaro em auxiliar seu senhor contrasta fortemente com o movimento displicente e serpentino de Camilo Pereira da Silva. A corda do barbicacho do chapéu de couro aproximava-se do pescoço, dando-lhe um ar grotesco e risível, enquanto desfilava vaidoso produzindo com as esporas um ruído similar ao da cascavel.

A fantasia homicida de Luís da Silva oscila imaginariamente entre o estrangulamento e a lapidação; o extermínio das cobras com pedras e o ataque delas ao avô sugerem a possibilidade do sujeito identificar-se alternadamente com ambas as posições. Ao escutar a picareta dos calceteiros sobre as pedras da rua e avistar os paralelepípedos encobertos pela poeira, Luís da Silva tem o desejo de atirar todos aqueles paralelepípedos em cima de Julião Tavares. Sua tentativa de afastar-se de tão funestas ruminações o leva a devanear e a imaginar-se cigano, saindo pela porta e embrenhando-se em estradas sem fim pelo interior, conhecendo fazendas sertanejas, ouvindo a cantiga dos cantadores e as conversas das velhas nas fontes, mas ao deparar-se

---
[341] Ibidem, p. 73.

com cruzes de madeira na beira dessas estradas ele perguntaria sobre quem estaria sepultado ali, e alguém lhe responderia: "Um sujeito que namorou a noiva do outro."[342]

Encontrava-se, então, encerrado; não havia como escapar desse vórtice de ciúme, inveja e rancor para o qual não enxergava já nenhuma saída possível que não fosse a total destruição do rival:

> Estremeci. Os meus dedos contraíram-se, moveram-se para Julião Tavares. Com um salto eu poderia agarrá-lo.
> Pensei em seu Evaristo e na cobra enrolada no pescoço do velho Trajano. Parei no meio da sala, aterrado com a imagem medonha que me apareceu. O pescoço do homem estirava-se, os ossos afastavam-se, os beiços entreabriam-se, roxos, intumescidos, mostrando a língua escura e os dentinhos de rato[343].

Marina começara a dar mostras cada vez mais claras de que, após formalizar o noivado com Luís e conseguir os presentes pelos quais ansiava, jóias, roupas, só continuava ainda a encontrá-lo para desembaraçar-se lentamente dele, considerando talvez o esforço miserável que ele fizera para atender-lhe todos os caprichos. Mostrava-se agora cada vez mais entusiasmada com as visitas de Julião, a quem via diariamente desde o início da manhã. Luís aos poucos se afastou definitivamente dela, maldizendo-a por escolher um marido só pelo dinheiro, a "pior espécie de prostituição"[344].

A partir daí iremos observar um estado de excitação crescente em Luís da Silva, que noite e dia não consegue mais ter sossego. Sente-se perseguido pelo canto dos galos e pelas pancadas dos relógios, que marcam um tempo que não era mais que o tempo da miséria, da degradação, do ódio; havia as pulgas que o atormentavam, os ratos que o torturavam com seus chiados e roíam a madeira do

---

[342] Ibidem, p. 74.
[343] Ibidem, p. 74.
[344] Ibidem, p. 83.

guarda-comida e os manuscritos do armário. Um mês depois Luís e Marina eram já inimigos e Julião Tavares não arredava pé da casa dela, levava presentes para todos, tornara-se íntimo da família.

Luís escutava as diferentes vozes através da parede e a de Julião Tavares causava-lhe arrepios; ele se aterrorizava com o próprio ódio e com o ato a que, por fim, inevitavelmente o conduziria:

> Fazia-me pensar em gordura, em brancura, em moleza, em qualquer coisa semelhante a toicinho cru. Pescoço enorme, sem ossos, tudo banha. Quando o homem andava na rua, olhando para cima, risonho, aprumado, com passinhos curtos, a papada tremia. Aquilo era bambo, flácido, devia ter a consistência de filhó. (...) A voz oleosa de Julião Tavares continuava a perseguir-me. Era como se eu estivesse diante de um aparelho de rádio, ouvindo língua estranha. Distanciava-me. As palavras gordas iam comigo. Umas chegavam completas, outras alteravam-se – ruídos confusos e vogais indistintas. Necessário dar cabo daquela voz. Se o homem se calasse, as minhas apoquentações diminuiriam. (...) O que ficava era aquela gordura que se derramava pelas paredes. Às vezes eu estava certo de que Julião Tavares se tinha calado, mas a voz não deixava de perseguir-me. Mexia-me, tossia. E olhava com insistência o cano que se estirava ao pé da parede, como uma corda[345].

No estado de desolação em que então se encontrava, Luís da Silva diluía sua ira em álcool; começara a beber demais, tomava café em excesso e jogava durante todo o tempo livre, vendo as dívidas crescerem sem parar. Não se preocupava, no entanto, com isso. "Pensava na miséria antiga e tinha a impressão de que estava amarrado de cordas, sem poder mexer-se."[346] Descreve-se então como o próprio "enforcado", arruinado, indigno, em andrajos: "Andava sujo, as

---
[345] Ibidem, p. 90.
[346] Ibidem, p. 94.

calças com fundilhos rotos e as bainhas esfiapadas, a gravata feito uma corda."[347] Pensava sem cessar em Marina e Julião, o que fariam naquele momento, onde andariam? No café? No teatro? Um relógio do outro lado da parede torturava-o; o da sua sala de jantar estava quase sempre parado. Aquele ruidoso martírio do sexo dos vizinhos o exasperava. O resfolegar de porco fossando do amante de dona Rosália o enojava e dava-lhe gana de estrangulá-lo até vê-lo esfriar. A inveja e o ciúme de todos os casais corroíam-no até o fundo das vísceras:

> O que eu desejava era apertar o pescoço do homem calvo e moreno, apertá-lo até que enrijasse e esfriasse. Lutaria e estrebucharia a princípio, depois seriam apenas convulsões, estremecimentos. Os meus dedos continuariam crispados, penetrando a carne que se imobilizaria, em silêncio. Este pensamento afugentava os outros. O espírito de Deus deixava de boiar sobre as águas. Uma criatura morrendo e esfriando, os meus dedos entrando na carne silenciosa. Não me lembrava de Julião Tavares[348].

A idéia recorrente de enforcar Julião Tavares (anunciada e renegada nesta passagem) tornara-se agora uma obsessão. Ela ocupa o centro do pensamento de Luís da Silva e retornará compulsiva e insistentemente até a plena consecução do objetivo final. Ao tentar imaginar um futuro possível, via sempre Marina humilhada, desgraçada, exercendo atividades filantrópicas, e Julião Tavares, expatriado, fuzilado ou enforcado.

A gravidez incipiente de Marina, surpreendida por Luís da Silva ao vê-la "engulhando" junto ao mamoeiro do quintal, será o prenúncio do breve afastamento de Julião Tavares. O aborto subseqüente, acompanhado furtivamente por Luís, que seguiu Marina até os arrabaldes onde ela se submeteria ao procedimento, numa velha casa

---
[347] Ibidem, p. 94.
[348] Ibidem, p. 101.

em meio a uma rua de areia, exercerá um papel decisivo na precipitação do gesto homicida. Luís da Silva movimenta-se febrilmente, num mundo de densa neblina e de norte nenhum: "Vamos andando sem nada ver. O mundo é empastado e nevoento."[349]

Os mal-estares de Marina durante a gravidez – sem poder já contar com o amparo de Julião Tavares, que sumira – escutados por Luís do outro lado da parede tinham o poder de penalizá-lo e de enraivecê-lo ainda mais; a imagem do estrangulamento retornava, apoiada naquelas mesmas antigas imagens originárias da sua infância na fazenda:

> Isto me cortava o coração e aumentava o meu ódio a Julião Tavares. Vi-o claramente como o vi na tarde em que o surpreendi à minha janela, derretendo-se para Marina. Atrapalhado, procurava tapear-me com adulações. Eu resmungava pragas obscenas e andava de uma parede a outra, sentia desejo imenso de fugir, pensava na fazenda, em Camilo Pereira da Silva, em Amaro Vaqueiro e nas cobras, especialmente numa que se enrolara no pescoço do velho Trajano[350].

Havia uma patética complacência da família frente à inocente "escorregada" de Marina, à ruína da filha agora "escangalhada" com um filho na barriga. Marina resignara-se e "entregara-se a Deus" e D. Adélia, mortificada, "não responsabilizara ninguém". Luís, no entanto, cada vez mais se decidia a agir:

> Era evidente que Julião Tavares devia morrer. Não procurei investigar as razões desta necessidade. Ela se impunha, entrava-me na cabeça como um prego. Um prego me atravessava os miolos. É estúpido, mas eu tinha realmente a impressão de que um objeto agudo me penetrava a cabeça. Dor terrível, uma idéia que inutilizava as outras idéias. Julião Tavares devia morrer[351].

---
[349] Ibidem, p. 123.
[350] Ibidem, p. 129.
[351] Ibidem, p. 133.

A cena do crime tomava uma nitidez prospectiva que a convertia cada vez mais em realidade, dava-lhe forma, substância e cor:

> Necessário que ele morresse. Julião Tavares cortado em pedaços como o moleque da história que Seu Ramalho contava. Logo me aborrecia da tortura comprida. Nojo, medo, horror ao sangue. Julião Tavares morreria violentamente sem derramar sangue. Em sonhos ou acordado vi-o roxo, os olhos esbugalhados, a língua fora da boca[352].

O reaparecimento da imagem do avô paterno, o velho Trajano Pereira de Aquino Cavalcante e Silva, em associação e alternada com as cenas de estrangulamento, cada vez mais vívidas, que preparam imaginariamente o assassinato, estão a sugerir-nos que, como Calígula, Luís da Silva anseia por destroçar muitos pescoços com um único golpe, ou que desejaria que todos os fantasmas da insuficiência paterna que o atormentam, desde o fundo da infância, pudessem ter um único pescoço que ele esganaria numa laçada só.

O gesto parece orientar-se ao nó, ao nódulo nadificante do seu ser, a este núcleo de reveberação traumática que não cessa de ecoar impropérios e de acumular injúrias ao narcisismo fálico de um Luís da Silva – "pobre diabo" ou "zé ninguém" – que insiste errática mas estoicamente em triunfar sobre a miséria própria e a sordidez que o circunda. As figuras miseráveis de Trajano e Camilo parecem bombardeá-lo constantemente em seus vãos intentos de asserção viril. Essas imagos, dinamicamente ativas, efetuam um permanente "trabalho do negativo", um verdadeiro "trabalho de Penélope"[353] no interior da psique do personagem, onde o tecido simbólico se descose permanentemente invalidando todo o esforço pessoal no sentido da subjetivação.

---

[352] Ibidem, p. 134.

[353] Ver Green, A. (1990). *Conferências Brasileiras de André Green – metapsicologia dos limites*. Rio de Janeiro: Imago.

Trajano, o avô, foi também pai de muitos filhos e algoz sexual de muitas mulheres, escravas, e mesmo falido e velho, quando se afundava na pinga, pretendia exercer delirantemente o seu antigo patriarcado tirânico sobre os escravos já libertados que criam dever-lhe ainda algum respeito e obrigação.

É na decisão irrevogável e no gesto abrupto de Luís da Silva que presenciamos a cintilação de um agente que em tudo se assemelha ao *herói absurdo* camusiano[354], em sua eterna insurgência contra o inexorável que histórica e fatidicamente o vitimiza, ao *herói compromissado* sartreano[355] que se debatendo contra as seduções da má-fé busca num único ato redimir-se de todo um passado de alienação e indignidade, ou ainda o *herói problemático* lukácsiano, em sua persistente errância num *mundo contingente* onde busca recuperar por fim os valores genuínos malgrado a ausência de deus[356].

É do fundo de preguiça e vício que oblitera o seu legado masculino – sua linhagem paterna –, esse húmus estéril do qual um homem deveria brotar, que Luís se ergue tragicamente para responder de forma afirmativa à pendente questão hamletiana. O Trajano caduco que acordou da sesta no banco do alpendre gritando por socorro, "desengonçado como um doente de coréia"[357], e com uma cascavel enrolada no pescoço, viu-se livre do colar vivo que o triturava sem que ninguém interviesse: de tanto saracotear e gritar a cobra se soltara, e Camilo, seu sonolento filho amante da rede e dos romances ordinários, não teve mais trabalho que o de matá-la com o macete de capar boi e entregá-la para a escrava Quitéria, que a levou pendurada num pau, balançando, e jogou-a "para lá dos juazeiros". Essa mesma Quitéria, ela e outras pretas, pariram todas diversos filhos, filhos de Trajano, muitos dos quais se juntaram posteriormente aos grupos de salteadores que invadiam e queimavam propriedades, violavam moças brancas e *enforcavam os homens ricos* nos ramos das árvores.

---

[354] Camus, A. (1951). *El mito de Sísifo*. Buenos Aires: Losada, 1973.
[355] Sartre, J. P. (1945). *Com a morte na alma*. São Paulo: Difusão Européia do Livro, 1968.
[356] Lukács, G. (1965). *A teoria do romance*. São Paulo: Duas Cidades; Ed. 34. 2000.
[357] Ramos, G. (1936). *Angústia*. p. 136.

O instrumento para o crime surgiu inesperadamente das mãos de seu Ivo, um mendigo que costumava aparecer na casa de Luís da Silva em busca de comida. Seu Ivo trouxe-lhe de presente uma corda que havia achado na rua e colocou-a em cima da mesa. Naquele exato momento o futuro de Luís se decidiu. Paralisado pela angústia ele evitava dizer o nome da coisa que estava ali; o nome revelaria o destino, a coisa assemelhava-se demais ao objeto que o obsedava. Diante de sua visão ele recuara tremendo, com a impressão de que aquilo iria amarrá-lo ou mordê-lo. A idéia estava jogada sobre a mesa, o conjunto das voltas emaranhadas ressuscitava uma antiga cascavel, morta a pauladas; a atenção de Luís se concentrava "no molho confuso de anéis"[358] depositado em cima da mesa.

Ao tocar na corda ele a sentiu viva. Olhou com desgosto para seu Ivo e a partir desse momento as imagens de enforcados e as histórias de enforcamentos que vira ou ouvira em sua vida dominaram a sua mente. Recordou-se de seu Evaristo, um velho miserável que se suicidara após ser corrido de uma padaria onde clamava por um pedaço de pão para alimentar a si e à mulher. O indigente pendurara-se num galho de carrapateira. Luís sempre se admirara que um simples galho pudesse agüentar um corpo morto, mas a imagem o inspiraria, o galho agüentaria mesmo o corpo gordo de Julião Tavares.

Ao insultar Marina, chamando-a de puta em plena rua, quando ela furtivamente retirava-se da casa da velha aborteira com uma aparência ao mesmo tempo envelhecida e purificada, ele pensava em Cirilo de Engrácia, um cangaceiro que havia sido morto amarrado a uma árvore e cuja fotografia impressionara-o sobremaneira. Ele parecia medonhamente vivo, e o que "o que tinha de morto eram os pés, suspensos, com os dedos quase tocando o chão"[359]. Os pés de Cirilo lembravam os pés de seu pai defunto, Camilo Pereira da Silva, ossudos, magros e desgovernados, que tanto o haviam impactado. Marina, com os pés afundados na areia, nessa hora, parecia morta

---
[358] Ibidem, p. 138.
[359] Ibidem, p. 167.

também. A idéia de morte evoca logo, e em seqüência, "o cachaço gordo e mole como toicinho" de Julião Tavares, que andava agora com uma nova amante.

Luís da Silva passou a andar com a corda no bolso. De vez em quando apertava-a na mão até ficar com os dedos roxos e pensava em Julião Tavares. Imaginava-se matando-o em pleno café, sem ligar muito para a presença do chefe de polícia, que costumava andar por ali às voltas com alguma encrenca:

> Que é que me podia acontecer? Ir para a cadeia, ser processado e condenado, perder o emprego, cumprir sentença. A vida na prisão não seria pior que a que eu tinha.(...) Não posso encostar-me às grades pretas e nojentas. Lavo as mãos uma infinidade de vezes por dia, lavo as canetas antes de escrever, tenho horror às apresentações e aos cumprimentos, em que é necessário apertar a mão que não sei por onde andou (...) Não tinha medo da cadeia. Se me dessem água para lavar as mãos, acomodar-me-ia lá. (...) Decididamente a polícia não me inspirava receio. (...) Julião Tavares procuraria levantar-se do tamborete, faria um barulho inútil, bateria com os braços na mesa e quebraria a xícara. As bochechas vermelhas se tornariam roxas, os olhos se rodeariam de olheiras roxas, os beiços roxos e intumescidos se descerrariam mostrando os dentes de rato e a língua escura e grossa, os movimentos das mãos se espaçariam, afinal seriam apenas sacudidelas, contrações[360].

Essa impressionante premonição do personagem/narrador sobre o que em breve sucederia, na vida real, ao próprio autor, é talvez uma das mais espetaculares ilustrações da interpenetração vida/obra que a escrita graciliânica nos revelará, como rara vez se poderá encontrar em toda a história da literatura ocidental.

Em 3 de março de 1936 Graciliano seria preso em Maceió, onde vivia com a família no bairro de Pajuçara, sob suspeita de envol-

---
[360] Ibidem, p. 148.

vimento com os comunistas. Alertado antes por um colega de trabalho, ele desistiu de fugir ou de esconder-se e deixou-se conduzir à cadeia, sem resistência, por um tenente do exército. A detenção não lhe permitiria estar presente no lançamento de *Angústia*, em agosto do mesmo ano, mas ele conseguira entregar as últimas páginas do livro à datilógrafa antes de ser preso e destituído do cargo de diretor da Instrução Pública de Alagoas, o que possibilitou o encaminhamento do processo editorial.

Conforme confessaria posteriormente em *Memórias do Cárcere*, diante da infinidade de problemas que se acumulavam em sua vida pessoal, sobretudo os de ordem financeira e conjugal (que se interdeterminavam) a prisão era, mais que inevitável, bem-vinda e conveniente, e se foi de fato pressentida, não foi porém desesperadora, como bem atesta a seguinte passagem da primeira carta que escreveu à mulher do "pavilhão dos primários", já no Rio de Janeiro:

> Heloísa: até agora vou passando bem. Encontrei aqui excelentes companheiros. Somos setenta e dois no pavilhão onde estou. Passamos o dia em liberdade. Hoje comecei a estudar russo. Já você vê que aqui temos professores. O Hora estuda alemão. Entre os livros encontrei um volume do Caetés, que foi lido por um bando de pessoas. Companhia ótima. Se tiver a sorte de me demorar por aqui uns dois ou três meses, creio que aprenderei um pouco do russo para ler os romances de Dostoievski.(...) As camas têm percevejos, mas ainda não os senti. Quanto ao mais, água abundante, alimentação regular, bastante luz, bastante ar. E boas conversas, o que é melhor[361].

O tom da carta é bastante surpreendente para dizer de alguém que se encontrava em tal situação. O próprio autor demonstra ter ciência disso e, ao ser preso, parece ter-se dado conta de que estava concretizando na vida real uma fantasia ou projeto do seu personagem ficcional, Luís da Silva: o de "escrever um livro na prisão". Livro

---
[361] Ramos, G. *op. cit.*, p. 161.

que, como nos sugere Marcelo Bulhões[362] em seu estudo sobre a metalinguagem em Graciliano Ramos, não é outro que *Memórias do Cárcere*, cujas primeiras notas, escritas e depois perdidas, foram rabiscadas na Casa de Correção. Também ali foi concebido *Infância* e foram escritos alguns dos contos de *Insônia*, conforme vimos já anteriormente. Nesse momento autor, narrador e personagem estão maximamente confundidos; vida e arte se fundem e são, amalgamadas, mais ação que representação.

> Naquele momento a idéia da prisão dava-me quase prazer: via ali um princípio de liberdade.(...) Na verdade suponho que me revelei covarde e egoísta: várias crianças exigiam sustento, a minha obrigação era permanecer junto a elas, arranjar-lhes por qualquer meio o indispensável. Desculpava-me afirmando que isto se havia tornado impossível.(...) A cadeia era o único lugar que me proporcionaria o mínimo de tranqüilidade necessária para corrigir o livro. O meu protagonista se enleara nesta obsessão; escrever um romance além das grades úmidas e pretas. (...) Deixar-me-iam ficar até concluir a tarefa? Afinal a minha pretensão não era tão absurda como parece. Indivíduos tímidos, preguiçosos, inquietos, de vontade fraca habituam-se ao cárcere. Eu, que não gosto de andar, nunca vejo a paisagem, passo horas fabricando miudezas, embrenhando-me em caraminholas, por que não haveria de acostumar-me também?[363]

A prisão foi recebida por Graciliano como "dádiva imprevista" e como "princípio de libertação", embora ele não tenha deixado nunca de recriminar-se por desfrutar daquela situação "confortável", enquanto lá fora a mulher, Heloísa, lutava corajosamente para manter a família e libertar o marido, o qual sabia ser uma inocente vítima do arbítrio que caracterizava o período ditatorial.

---

[362] Bulhões, M. M. (1999). *Literatura em campo minado: a metalinguagem em Graciliano Ramos e a tradição literária brasileira*. São Paulo: Annablume: FAPESP.
[363] Ramos, G. (1953), *op. cit.*, vol. 1, p. 44.

Mas o nó devia ser dado, embora implicando uma aceitação antecipada da penalidade que ao ato emancipatório se seguiria. A insurgência contra o Outro se apresenta ali como um gesto decisivo, inadiável e condicionante da constituição do sujeito, da reapropriação de si. As imagos de um pai brutal, ou preguiçoso, ou irracional, ou imprevisível, ou incoerente, ou indiferente, ou isomórfico ao filho padecem todas elas de uma certa precariedade simbólica, de certa insuficiência do *nomos* (*Nom-du-Père*) que opondo-se à instalação da metáfora paterna[364] alija definitivamente o sujeito da cultura e da relação com um objeto possível num tempo/espaço que sustente a "ilusão de contato", à qual o indivíduo deve os momentos mais nobres da sua existência, conforme nos diz Winnicott[365], contato que funda o *mundo intermediário* (Husserl, 1932), o *espaço transicional* (Winnicott, 1951), o *campo fenomenal* (Merleau-Ponty, 1945).

A *destruição do objeto* é, paradoxalmente, o que virá a possibilitar sua plena utilização[366]. Assim nos foi originalmente mostrado por Freud em *Totem e Tabu*[367], através de uma formulação mitológico-antropológica do ato *princeps* que fundou a sociedade humana, conduzindo-nos da natureza à cultura. Somente a morte do pai tirânico, de ilimitado poder, permitirá a sua instituição como Totem e a vigência efetiva de uma lei normatizadora, o Tabu, que é constitutiva da *ordem simbólica*,[368] da convenção operante a partir da qual a coletividade humana se deverá organizar. Poder usar as idéias de Freud, por exemplo, deverá implicar sua destruição através do conhecimento crítico de sua obra. Conhecer ou procurar explicar Graciliano e a sua *écriture* transita também por este mesmo circuito, e assim sempre e com todos os objetos que, em algum momento da

---

[364] Lacan, J. (1956) *O Seminário, Livro 3 – As Psicoses*. Rio de Janeiro: Jorge Zahar Editor, 1985.
[365] Rodman, F. R. (1987). *The Spontaneous Gesture: Selected Letters of D. W. Winnicott*. Cambridge: Harvard University Press.
[366] Winnicott, D. W. (1968). *The use of an object and relating through identification*. In: *Playing and Reality.*Tavistock, London: 1971.
[367] Freud,S. (1914). *Tótem y Tabu*. Obras Completas, Madrid: Biblioteca Nueva, 1973.
[368] Lacan, J. (1953). Função e campo da fala e da linguagem em psicanálise. In: *Escritos*.

vida, necessitamos situar no plano do ideal. De alguma forma o objetivo da *desconstrução* proposta por Derrida (1967) aponta para este mesmo propósito de renovação.

Em *Memórias do Cárcere* Graciliano relembra as dificuldades que encontrou para escrever o final de *Angústia*, o quanto lhe foi difícil praticar, em colaboração com Luís da Silva, o extermínio do Outro alienante e espoliador. Ele não evidencia possuir ali, obviamente, esse entendimento e nem utiliza a terminologia conceitual que dentro da teoria literária e da crítica psicanalítica o sucedeu, mas o ódio ao inautêntico, ao artificial, ao pernóstico está constantemente expresso nas falas dos seus personagens principais, como a crítica tem historicamente apontado desde Rolando Morel Pinto[369], em seu estudo sobre as peculiaridades do vocabulário e das estruturas frásicas, e principalmente sobre a tendência do autor a simplificar, cortar, enxugar e ir direto ao ponto buscado, escarnecendo através de Valério, Honório, Luís e Fabiano o discurso empolado, gordo, ocultando em si um vazio de sinceridade ornamentado de culta benevolência.

Nas décadas seguintes, Fernando Alves Cristóvão[370] e Jubireval Alencar Guimarães[371] ressaltarão igualmente a intolerância de Graciliano para com o que Oswald de Andrade chamava de "galimatias", o discurso vazio de conteúdo enunciado em retórica confusa, mas retumbante, *pour épater le bourgeois*. Mais recentemente, Wander Melo Miranda[372] e Marcelo Magalhães Bulhões[373] ocuparam-se do mesmo problema, já agora sob o prisma da análise do "texto do outro" afim com uma perspectiva psicanalítica, fenomenológica e estruturalista. Evaristo Barroca, em *Caetés*,

---

[369] Pinto, R. M. (1962). *Graciliano Ramos: autor e ator.* São Paulo: Faculdade de Filosofia, Ciências e letras de Assis.

[370] Cristóvão, F. A. (1977). *Graciliano Ramos: estrutura e valores de um mode de narrar.* Rio de Janeiro: Ed. Brasília.

[371] Guimarães, J. A. (1987). *Graciliano ramos e a fala das memórias.* Maceió: EDICULTE/ SECULTE.

[372] Miranda, W. M. (1992). *Corpos Escritos.* São Paulo: EDUSP.

[373] Bulhões, M. M. (1999) *Literatura em Campo Minado: a metalinguagem em Graciliano Ramos e a tradição literária brasileira.* São Paulo: FAPESP-Anna Blume.

Azevedo Gondim, em *São Bernardo*, Julião Tavares, em *Angústia* e o "patrão" em *Vidas Secas*, são personagens que se identificam com o agente alienante e operam a alienação destitutiva, a artificiosa má-fé que constrói o véu das palavras sob as quais o sujeito, alienando a sua fala ao Outro, extravia-se intimamente de si.

O nojo crescente de Luís ao cachaço gordo de Julião, à sua carne oleosa que se derramava derretida sobre as coisas, bem traduz seu ódio ao excessivo, ao artificioso, ao que esconde dos olhos o essencial do outro, seu ser. Agora isso iria por fim se acabar; ele tomara essa resolução crucial.

Vestindo andrajos, o paletó puído, os sapatos gastos, ele sentia a gravata que "enrolava-se como uma corda sobre a camisa rasgada e suja" com que, em silêncio, seguia Julião na noite quando ele retornava da namorada para a cidade. Pensava que Julião Tavares acreditava ser superior aos outros homens apenas por haver deflorado diversas meninas pobres, das quais julgava-se dono. Sentia-se dominado por uma ira maior: "Estava irritado como um bicho e levava a mão ao bolso, num gesto maquinal. Encontrava os anéis da corda. Provavelmente Julião Tavares ia de volta, fumando. Que me importava Julião Tavares? A figura de Cirilo de Engrácia passou-me diante dos olhos, mas desapareceu logo."[374]

Na iminência do ato e sentindo-se pela primeira vez dispondo sobre o outro de um poder inusitado, Luís fraqueja – como fraquejará Fabiano frente ao soldado amarelo, em meio à caatinga – sente piedade de Julião, que lhe parece agora fraco, desprevenido como uma criança e descuidado como se ali, àquela hora, houvesse guardas para protegê-lo. Sente-se, porém, desafiado, mais uma vez ultrajado pela segurança de Julião, e isso, junto com a vontade de fumar, intensifica seu ódio fazendo sumir a piedade. Ali, naquele momento, ele era um homem. Na repartição, na rua, à luz do sol, era um trouxa, um amarrado, mas ali Julião não poderia voltar-lhe as costas como se ele fosse um cachorro desdentado.

---
[374] Ramos, G. (1936), *op. cit.*, p. 177.

O vigor literário, a estética selvagem da descrição da morte de Julião Tavares, impõe-nos a transcrição dessa passagem, cuja verve narrativa por mais que nos esforçássemos não poderíamos reproduzir. Nossa análise adota por clímax e por epílogo essa narração. Nessa grande explosão o romance começa a concluir-se:

> Retirei a corda do bolso e em alguns saltos, silenciosos como os das onças de José Baía, estava ao pé de Julião Tavares. Tudo isto é absurdo, é incrível, mas realizou-se naturalmente. A corda enlaçou o pescoço do homem, e as minhas mãos apertadas afastaram-se. Houve uma luta rápida, um gorgolejo, braços a debater-se. Exatamente o que eu havia imaginado. O corpo de Julião Tavares ora tombava para a frente e ameaçava arrastar-me, ora se inclinava para traz e queria cair em cima de mim. A obsessão ia desaparecer. Tive um deslumbramento. O homenzinho da repartição e do jornal não era eu. Esta convicção afastou qualquer receio de perigo. Uma alegria enorme encheu-me. Pessoas que aparecessem ali seriam figurinhas insignificantes, todos os moradores da cidade eram figurinhas insignificantes. Tinham-me enganado. Em trinta e cinco anos haviam-me convencido que de que só me podia mexer pela vontade dos outros. Os mergulhos que meu pai me dava no Poço da Pedra, a palmatória de Mestre Antonio Justino, os berros do sargento, a grosseria do chefe da revisão, a impertinência macia do diretor, tudo virou fumaça. Julião Tavares estrebuchava. Tanta empáfia, tanta lorota, tanto adjetivo besta em discurso – e estava ali, amunhecando, vencido pelo próprio peso, esmorecendo, escorregando para o chão coberto de folhas secas, amortalhado na neblina[375].

Destruído Julião Tavares, as idéias em fuga que trespassam como faíscas a mente de Luís da Silva acabam por fundi-los numa imagem só: "Eu e Julião Tavares éramos umas excrescências miseráveis (...) Luís da Silva, Julião Tavares, isso não vale nada. Sujeitos úteis

---
[375] Ibidem, p. 182.

morrem de morte violenta ou acabam-se nas prisões. Não faz mal que vocês desapareçam. Propriamente, vocês nunca viveram."[376] Nessa identidade alucinatória em que as imagens de Luís e Julião se misturam, equalizados na condição de párias, de objetos do gozo de um Deus sádico ("O espírito de Deus boiava sobre as águas"), quando *um é o outro*, pode-se vislumbrar mais claramente a essência da problemática hegeliana da falsa-conciência[377]. O outro é o Outro, e o Outro é o eu alienado, o *self* inautêntico, consciência equivocada de si e sede da má-fé que a imagem especular do eu – construído no modo da alienação no desejo do outro – introduz como maior obstáculo à subjetivação, à plena posse de um *etos* próprio ativamente constituído numa dimensão existencial.

Por isso Luís da Silva irá submergir no delírio final, no interior do qual é perseguido implacavelmente pelas únicas Erínias que pode conceber, as que poderia almejar esse anti-épico equatorial: as carapanãs, que o perseguem durante sua volta à casa, esvoaçando-lhe em torno da cabeça e picando-lhe a carne moída e gelada. Elas o acompanharão durante os dias de recolhimento febril na cama, com seu insuportável zumbido e suas ferroadas terríveis, em meio à total desorientação. As mãos de Luís da Silva estão sujas, seu cabelo, suas roupas, é preciso lavá-las, é preciso picotar a roupa, inutilizá-la logo, destruir a gravata enrolada como uma corda antes que ela encontre como seu último objeto o pescoço frágil do herói, que sente o pensamento partir-se, a carne estremecer, e anseia por recompor o seu *cogito* na prisão, "escrever um livro na prisão", no conforto da prisão, com a inocência e a proteção que as imagens que o formaram – e que igualmente o explicam – jamais foram capazes de prover.

Matar e morrer já não se distinguem; destruir, ser destruído, têm ali um significado só. Em meio ao delírio Luís reencontra-se com a imagem do pai deitado na cama, ele estava "envolto num pano que

---

[376] Ibidem, p. 188.
[377] Hegel, G. W. F. (1807). *La fenomenologia del espirito*. México: Fondo de la Cultura Econômica, 1982.

se dobrava entre as pernas e tinha no lugar da cara uma nódoa vermelha cheia de moscas. As moscas não se mexiam, mas faziam um zumbido horrível de carapanãs"[378].

Semelhante ao *Horla* de Maupassant[379] sobrevivendo ao incêndio em que o protagonista procura inutilmente exterminá-lo, o espírito de Deus continua, no final de *Angústia*, a boiar sobre as águas – esse Deus demasiado humano, a quem o autor literário credita sempre sua tragédia privada e sua mais virtuosa cintilação.

---

[378] Ramos, G. (1936), *op. cit.* p. 212.
[379] Maupassant, G. *Bola de Sebo e outros contos*. Globo. s. d.

5

GRACILIANO ENTRE A INSÔNIA, A INSÂNIA E O NÓ: BREVES REGISTROS NOTURNOS DE UMA CARCAÇA PENDULAR

Sim ou Não? Esta pergunta surgiu-me de chofre no sono profundo e acordou-me. A inércia findou num instante, o corpo morto levantou-se rápido, como se fosse impelido por um maquinismo.
Sim ou não? Para bem dizer não era pergunta, voz interior ou fantasmagoria de sonho: era uma espécie de mão poderosa que me agarrava os cabelos e me levantava do colchão, brutalmente, me sentava na cama, arrepiado e aturdido.[380]

Insônia investe-se do poder de desvelar o mais estranho dos mundos pela mais sinistra das cenificações. Em que dimensão do ser encontrará lugar esse monólogo fragmentário e espectral? Quem estaria a narrar, em iterativo solilóquio noturno, os lúgubres registros do próprio passamento – fazendo jus ao mais pleno efeito de sentido de um "padecimento de passagem", conforme se verá.

Num dos seus romances, Saramago põe na boca de um personagem esta pepita literária: "Dentro de nós há uma coisa que não tem nome, essa coisa é o que somos."[381] A psicanálise contemporânea tem sido

---
[380] Ramos, G. (1947) *Insônia*. São Paulo: Record, 1977, p. 9.
[381] Saramago, J. (1998). *Ensaio sobre a cegueira*. São Paulo: Companhia das letras.

marcada por um progressivo abandono de suas inicais pretensões totalistas e, cada vez mais, acolhe humilde e maduramente as impossibilidades, no âmbito da nomeação, que lhe são amiúde impostas no trabalho clínico e na reflexão escrita. Senão em seu método, *lato sensu*, isso transparece na mudança de atitude do sujeito/ agente, o psicanalista – seja ele predominantemente um prático ou um teórico – pelo abandono da inútil e ingênua obstinação de esgotar interpretativamente o campo do Outro (a dimensão inconsciente), de poder nomear por fim o "neutro", essa instância eternamente silenciosa e definitivamente anônima, conforme insiste sempre Blanchot (1973).

A mais imediatamente reconhecível dessas impossibilidades vincula-se especificamente à problemática da intersubjetividade, nos termos de uma "subjetividade transcendental" conforme proposta por Husserl (1932), em que a promoção do objeto do conhecimento cartesiano a sujeito de um interconhecimento, por Lacan e Winnicott, demarca as fronteiras do intangível, pondo por terra as pretensões freudianas dos começos, e produz os enunciados escandalosos (no sentido kierkegaardiano) de que a relação com o outro é efeito de uma "ilusão de contato" ou de que "o objeto é falta", implicando em que a relação "real" efetivamente não existe, sendo o compartilhamento de vivências ou linguagens concebível apenas no "campo transicional" ou no "campo do significante".

Algum tempo atrás enfeixamos uma descrição da dialética do processo psicanalítico considerando a articulação de três tempos lógicos os quais denominemos, inspirados nos autores antes citados, de *amorfismo, figuração* e *nomeação* (Graña, 2001). O amorfismo (*formless*) caracteriza o primeiro tempo da ação e tem como contraponto a espera e a observação atenta e espontânea do campo potencial (atitude fenomenológica) pelo intérprete, campo cuja configuração nebulosa inicial sugere um estado suspenso de prenhez gnoseológica. Este caos fértil irá engendrar, no devido tempo, imagens brutas, apenas delineadas, esboços rudimentares de objetos e formas em vias de constituição. O tempo seguinte será provavelmente anunciado pelo aparecimento das "condições de figurabilidade" e pela emergência da figura (no sentido genetteano de representação imaginária, ou de "sensação de figura", forma instantaneamente adotada pelo espaço aberto entre a linha do significante e a do significado, precedendo o nome), a qual se destaca desse fundo indistinto original e assume gradualmente uma feição inesperada, familiar ou não (*Umheimlich*), cuja cintilação atrairá imediatamente o olhar e a escuta do intérprete eventual. Indagando-se agora sobre a natureza desse ser nascente, ele inquirirá o *parlêtre* (ser falante) de cujo discurso/rabisco essa forma aleatória se desprendeu. É essa pergunta que instaura o terceiro tempo, tempo que designamos como o do batismo ou da nomeação. A busca da palavra pela essência – da palavra que mais se aproxima da sua urgência de dicção – atinge então um ponto de saturação que poderá ser enunciado conceitualmente (Husserl, 1913). Alcançada a verdade num leve e efêmero roçar de dedos, seu ser se evapora quando a boca não conseguiu ainda terminar de enunciá-la. E estamos de novo no amorfo, na nebulosidade, no caos: a estrutura será sempre ausente, dizia-nos Umberto Eco em 1971.

A análise é um processo, ou uma experiência (no sentido fenomenológico) como costuma dizer Lacan, na qual o eu estertora, mas não falece, para que o sujeito possa enfim advir na linguagem. O sujeito não é, entretanto, mais que sempre um sujeito adventício. Esse algo "que verdadeiramente somos" é também o que estaremos continuamente em vias de ser. Esse núcleo de verdade que perscrutamos incansavelmente, essa essência do sujeito que mais ambicionamos apreender é-nos vedada, definitivamente, enquanto realização.

> Nunca ninguém despertou de semelhante maneira. Uma garra segurando-me os cabelos, puxando-me para cima, forçando-me a erguer o espinhaço, e a voz soprada aos meus ouvidos, gritada aos meus ouvidos. – "Sim ou não?"

Nada sei: estou atordoado e preciso continuar a dormir, não pensar, não desejar, matéria fria e impotente. Bicho inferior, planta ou pedra, num colchão. De repente a modorra cessou, a mola me suspendeu e a interrogação absurda me entrou nos ouvidos: – "Sim ou Não?"[382]

Mais uma vez a indagação enigmática, tornando vago e impreciso seu objeto. No capítulo em que apontamos as contradições de ordem pessoal, ideológica e literária que se evidenciavam na leitura da obra de Graciliano Ramos, assinalamos que o escritor parece ter singrado a existência sob o signo da ambigüidade e da angústia, a qual é em grande parte o produto deste impasse insistentemente enunciado por Kant em sua segunda *Crítica*[383] e retomado adiante nas obras de Kierkegaard, Nietzsche, Freud e Sartre, entre a necessidade (imperativo moral) e as inclinações (tendências naturais).

Encostar de novo a cabeça ao travesseiro e continuar a dormir, dormir sempre. Mas o desgraçado corpo está erguido e não tolera a posição horizontal. Poderei dormir sentado?
Um, dois, um, dois. Certamente são as pancadas de um pêndulo inexistente. Um, dois, um, dois. Ouvindo isto, acabarei dormindo sentado. E escorregarei no colchão, mergulharei a cabeça no travesseiro, como um bruto, levantar-me-ei tranqüilo com os rumores da rua, os pregões dos vendedores, que nunca escuto.[384]

A narrativa parece agora sugerir um afastamento das circunstâncias ordinárias nas quais se concilia o sono e se processa cotidianamente a vida. Há algo poderosamente maior, que em ação violenta desinstala o narrador/personagem das significações familiares e das condições comuns da existência. Ele parece perplexo e desorientado em tempo e espaço, e denota estranheza com relação à posição

---

[382] Ibidem, *loc. cit.*
[383] Kant, E. (1787) *Crítica da Razão Prática*. São Paulo: Ediouro, s. d.
[384] Ibidem, *loc. cit.*

corporal bizarra e desconfortável a que essa força descomunal o submete. Suspeita que isso é obra de "alguém" (Outro) ou de algo, que permanecerá, entretanto, inomeável ao longo da narrativa.

Certamente aquilo foi uma alucinação, esforço-me por acreditar que uma alucinação me agarrou os cabelos e me conservou deste modo, inteiriçado, os olhos muito abertos, cheios de pavores. Que pavores? Por que tremo, tento sustentar-me em coisas passadas, frágeis teias de aranha?
Sim ou não? Estarei completamente doido ou oscilarei ainda entre a razão e a loucura?[385]

Encontramos também em Blanchot (1955) a idéia de que é a ação de uma força centrípeta o que coloca em movimento uma obra. Como Aristóteles[386], Blanchot baseia-se no princípio de que o ato antecede a potência, na medida em que só o gesto nos poderá informar acerca de algo que continha em estado larvar o pleno desenvolvimento de suas potencialidades irreveladas (enteléquia). Não difere essencialmente disso o pressuposto lacaniano de que o significante antecede o significado, ou de que o significado a princípio inexiste, sendo um produto dos efeitos de sentido da articulação de dois significantes, no que concorda, por sua vez, com Saussure (1913), criador da lingüística estrutural.

A presença da fenomenologia hegeliana e husserliana faz-se notar rapidamente em tais concepções: mais sistemática ou fatalista em Hegel, mais espantada ou escandalizada em Husserl, a dinâmica do desvelamento parece buscar sempre um sentido, um centro ativo essencial. Citando Blanchot, textualmente, convimos que "um livro, mesmo fragmentário, possui um centro que o atrai: centro esse que não é fixo, mas se desloca pela pressão do livro e pelas circunstâncias de sua composição"[387]; encontrando-se o autor da obra numa condição

---
[385] Ibidem, p. 10.
[386] Aristóteles. *Metafísica*. Buenos Aires: Ediciones Três Tiempos, 1982.
[387] Blanchot, M. (1955). *O espaço literário*. Rio de Janeiro: Rocco, p. 7.

tateante onde estão implicados o desejo, a ignorância e a ilusão: "Aquele que escreve o livro, escreve-o por desejo, por ignorância desse centro. O sentimento de o ter tocado pode nada mais ser do que a ilusão de o ter atingido"[388], porque "o artista, só terminando sua obra no momento em que morre, jamais a conhece. Observação que talvez se deva inverter, porquanto o escritor não estaria morto a partir do momento em que a obra existe, como ele próprio tem, por vezes, o pressentimento, na impressão de uma ociosidade das mais estranhas[389]".

Como tivemos anteriormente a oportunidade de mostrar, o descentramento da escrita graciliânica processa-se, a partir do deslocamento de um significante matricial, onde está compreendida a imagem do nó – nó da cascavel ao redor do pescoço, nó da corda que enforca e estrangula, nó das gravatas cuidadosamente laçadas, nó do couro nas pontas do chicote, nó dos canos furados e obstruídos, nó dos cordões dos sapatos mal-amarrados – produzindo uma derivação que é constituinte da cadeia: cobra, corda, cordão, cano, for(ca), cachaço, pes(co)ço, chicote, cinto etc.

Estaríamos propondo um centro ao qual suspeitamos tenderem a escrita e a obra de Graciliano Ramos, centro que entranharia o núcleo da problemática do autor, a sua "falha de origem" blanchotiana, e que se oferece como um limo fértil a partir do qual ele incessantemente molda cada um de seus filhos dando-lhes vida, não com o sopro de sua boca, mas com o gesto de seu punho resvalando o lápis de ponta fina sobre a folha de papel?

> Por que fui imaginar que este jato de luz é diferente dos outros e funesto? Caí na cama e rolei fora daqui nem sei que tempo, longe, muito longe, gastando-me no espaço. Partículas minhas boiaram à toa entre os mundos. De repente uma janela se abriu na casa vizinha, num jorro de luz atravessou-me a vidraça, entrou-me em casa e interrompeu a ausência prolongada.

---

[388] Ibidem, loc. cit.
[389] Ibidem, p. 13.

Sim ou não? Quem me está fazendo na sombra esta horrível pergunta? Com a golfada de luz que penetrou a vidraça, alguém chegou, pegou-me os cabelos, levantou-me do colchão, gritou-me as palavras sem sentido e escondeu-se num canto.[390]

O desconforto corporal do narrador associa-se à sensação de estar suspenso pela cabeça sobre o colchão. Um jato de luz funesto (ou assim suposto), um jorro de luz poderoso irrompeu na casa abrindo caminho entre os mundos (?), ocasionando o que seríamos tentados a designar como uma atomização do psicossoma (materialma) do narrador. Partículas suas bóiam perdidas entre os mundos. Este feixe de luz poderoso traz "alguém" para o interior do quarto, introduz ali uma estranha forma de alteridade – vaga e imprecisamente aludida pelo narrador/personagem. Trata-se de alguém que, advindo com a luz, executa o gesto de suspensão do corpo do narrador, impondo-lhe uma posição de constrangimento físico extremo, e repete-lhe ininterruptamente as palavras sem sentido: Sim ou não?, escondendo-se logo num canto, ignoto, obscurecido. Mas há a luz, a presença da luz que Goethe reivindicava na sua agonia; luz que é um elemento freqüente nas histórias relatadas por pessoas que retornaram do coma profundo, ou de estados clinicamente diagnosticados como morte, ou de condições patológicas que tendiam irreversivelmente para o óbito.

Ele procurará, então, esclarecer-se minimamente sobre o que lhe está ocorrendo naquele momento. Indaga-se, formula hipóteses, descarta-as:

Quem está aqui? Será um ladrão? Aventura inútil, trabalho perdido. Não possuo nada que se possa roubar. Se um ladrão passou pelos vidros, procurá-lo-ei tateando, encontrá-lo-ei num canto de parede e direi baixinho, para não amedrontá-lo: – "Não te posso dar nada,

---

[390] Ibidem, *loc. cit.*

meu filho. Volta para o lugar donde vieste, atravessa novamente os vidros. E deixa-me aí qualquer coisa." Não, nenhum ladrão se engana comigo. Contudo alguém me entrou em casa, está perto de mim, repetindo as palavras que me endoidecem: – "Sim ou não?"[391]

Nessa situação "amorfa" (*formless*), em que o desamparo do supliciado atinge o extremo da aflição, o narrador busca desesperadamente tornar familiar aquela cena estranha em que se encontra pendido, confuso e imobilizado, em meio à noite e ao ofuscamento por um facho de luz. Ele parece tranqüilizar-se ao dirigir-se a um ladrão, ele é apenas um perigo nomeável, conhecido, e representa um temor menor face ao terror indimensionável que o amorfismo subitamente introduz. Mantenhamos presente, porém, consoantes com Blanchot, que o texto tende sempre a um centro, por mais que este se oculte, se esquive ou não se permita nomear. Em nosso caso o movimento é pendular, binário, cordial, e o seu centro tende a coincidir com a imobilidade completa, com a estase do pêndulo na posição vertical.

> Sim, não, sim, não. Um relógio tenta chamar-me à realidade. Que tempo dormi? Esperarei até que o relógio bata de novo e me diga que vivi mais meia hora, dentro deste horrível jato de luz.
> Um, dois, um, dois. Tudo é ilusão. Ouvi uma pancada dentro da noite, mas não sei se o relógio está longe ou perto; o tique-taque dele é muito próximo e muito distante.[392]

O tique-taque do relógio, os batimentos cardíacos, o sussurro implacável de cadência binária: sim, não, sim, não, um, dois, um, dois... confundem-se, interpenetram-se, metaforizam-se, sibilam onomatopéias enregelantes que anunciam o pior. O supliciado tenta mover-se, ir à janela e apanhar o ar da madrugada, mas isso é impossível, a claridade que fende o quarto o paralisa, afasta-o de

---
[391] Ibidem, p. 11.
[392] Ibidem, *loc. cit.*

qualquer contato com a realidade simples que era até pouco a sua. Ele anseia pela escuridão total, que lhe permitiria fechar os olhos e relembrar os fatos do cotidiano, "pensar num encontro que tive durante o dia, recordar uma frase, um rosto, a mão que me apertou os dedos, mentiras sussurradas inutilmente"[393].

O estreitamento do campo da consciência e a obnubilação típica de um estado crepuscular acompanham-se da perda da sensibilidade; o personagem consegue apenas sentir a dureza dos ossos da cara:

> O que há de sensível nesta carcaça trêmula concentrou-se nos dedos, e os dedos apalpam ossos de caveira.
> Um, dois, um, dois. Evidentemente me equivoco, não ouço o tiquetaquear do pêndulo: o relógio afastou-se, gastará uma eternidade para me dizer se foram duas ou três as pancadas que me penetraram a carne e rebentaram ossos.[394]

O supliciado supõe ainda que o martelar ritmado na noite: sim, não, sim, não... um, dois, um, dois... poderia ser o roer ritmado de um rato que havendo roído a porta começava agora a roer-lhe o corpo interminavelmente. Convence-se, porém, que não se trata de um rato, porque um rato seria suficiente para que ele encontrasse forças e abandonasse aquela posição, atravessasse o facho de luz e o enxotasse. Aos poucos ele se sente deslizar do estado de aflição agônica para a escuridão completa: "Houve agora uma pausa nesta agonia, todos os rumores se dissiparam, a vidraça escureceu, o soalho fugiu-me dos pés – e senti-me cair devagar na treva absoluta." No entanto, tem a impressão de que "subitamente um foguete rasga a treva"[395] e sente um arrepio sacudir seu corpo, que é dominado pela vertigem, e depois de uma queda imensa abandona a cama para ir à mesa fumar. A cena passa a ser mais sugestivamente caracterizada como retratando o derradeiro movimento de morrer. Os significantes

---
[393] Ibidem, p. 12.
[394] Ibidem, *loc. cit.*
[395] Ibidem, *loc. cit.*

escolhidos vão apontando de forma mais definida o estado de agonia do narrador como perpetrado pelo gesto de Alguém:

> Sim ou não? A pergunta corta a noite longa. Parece que a cidade se encheu de igrejas, e em todas as igrejas há sinos tocando, lúgubres: "Sim ou não? Sim ou não" por que é que estes sinos tocam fora de hora, adiantadamente?
> A pessoa invisível que me persegue não se contenta com a interrogação multiplicada: aperta-me o pescoço. Tenho um nó na garganta, unhas me ferem, uma horrível gravata me estrangula.[396]

Alguém toca lúgubre e adiantadamente os sinos das igrejas, *Alguém* não se contenta em torturar repetindo sempre a mesma pergunta, *Alguém* aperta tenazmente o pescoço do narrador. Ele tem um nó na garganta, sente que unhas o ferem e uma horrível gravata o estrangula. "Alguém" é alusivo a uma alteridade vaga, imprecisa, difusa, cósmica, total, à qual poderíamos denominar o Outro, a Morte, a Coisa, o Real, a Mulher, o Deus/Diabo, significando, sobretudo, a ação de um ente desconhecido e absoluto, de um "dessemelhante radical", conforme dirá Lacan, ou simplesmente o Neutro, como propõe Blanchot, o impessoal onde o sujeito se borra para conceder o seu lugar ao ser:

> Quando estou só, eu não estou só, mas, nesse presente, já volto a mim sob a forma de Alguém. Alguém está aí, onde eu estou só. O fato de estar só, é que eu pertenço a esse tempo morto que não é o meu tempo, nem o teu, nem o tempo comum, mas o tempo de Alguém. Alguém é o que está ainda presente quando não há ninguém.[397]

O epicentro espasmógeno parece ir-se localizando na garganta, no pescoço, há a pressão de dedos, unhas, gravatas... *Alguém* se generaliza,

---
[396] Ibidem, p. 15.
[397] Blanchot, *op.cit,* p. 22.

dissemina-se na escuridão e ri alto. O agonizante constrange-se, revolta-se, envergonha-se. O elemento bizarro da posição é renegado e a gravidade das circunstâncias atenuada por uma tentativa de normalização do gesto, de torná-lo comum, mais compatível com a sanidade do que com a loucura, com a vida do que com a morte:

> Por que estão rindo? Hem? Por que estão rindo aqui no meu quarto? An, an! An, an! Não há motivo. An, an! An, an! Um sujeito acordou no meio da noite, não reatou o sono, veio sentar-se à mesa e fumar. Apenas. Inteiramente calmo, os cotovelos pregados na madeira, o queixo apoiado nas munhecas, o cigarro preso nos dentes, os dedos quase parados percorrendo as excrescências de uma caveira. Toda a carne fugiu, toda a carne apodreceu e foi comida pelos vermes. Um feixe de osso escorado à mesa fuma. Um esqueleto veio da cama até aqui, sacolejando-se, rangendo.[398]

Agora temos já a "nomeação" das excrescências de uma caveira, da carne que apodreceu e foi comida pelos vermes, de um feixe de ossos escorado à mesa, de um esqueleto sacolejando-se e rangendo. É a morte a dizer-se sutilmente, assomando-se através de signos e significantes cuidadosamente eleitos para tal fim. É aqui que o significante demonstra seu enorme poder de construção de cenários, de criação de realidades, de mundos, de universos. A narrativa orienta-se cada vez mais no sentido de um apossamento, por parte do agonizante, da verdade última acerca da real situação em que se encontra; orienta-se para o seu núcleo abismal:

> Sim ou não? Lá está o diabo do relógio a tiquetaquear, a matracar: "Sim ou não?". Desejaria que me deixassem em paz, não me viessem fazer perguntas a esta hora. Se pudesse baixar a cabeça, descansaria talvez, dormiria junto à pilha de livros, despertaria quando o sol entrasse pela janela.

---
[398] Ibidem, *loc. cit.*

Um, dois, um, dois. Que me dizia ontem á tarde aquele homem risonho, perto de uma vitrina? Tão amável! Penso que discordei dele e achei tudo ruim na vida. O homem amável sorriu para não me contrariar. Provavelmente está dormindo.[399]

Alguém ou algo matraqueia: Sim, não... Um, dois... A indeterminação do agente possui aqui implicações maiores, na medida em que indefine o estatuto ontológico do Outro. Note-se que, conforme o que dizíamos antes, aquilo que o determina é mais sua condição de instância apoditicamente dessemelhante, de estranhamento absoluto, do que propriamente a sua natureza divina/diabólica, humana/anímica ou material/inanimada (a natureza diabólica das coisas, o relógio tiquetaqueador, o *Alguém* perguntador).

A cabeça do supliciado está erguida e imobilizada. Ele identifica esse constrangimento físico (a rigidez cadavérica do corpo pendente?!) como o fator que estaria a impedi-lo de dormir e despertar pela manhã descansado, com o sol entrando pela janela. Fornece-nos, porém, outro dado relevante em seu esforço de recontatar com o as imagens do cotidiano, com os "restos diurnos" capazes de associarem-se ao terror sem nome que agora ele experimenta e tenta neutralizar opondo-lhe imagens planas de um universo familiar. Ele relembra o encontro com um homem amável, de quem discordou, sustentando que tudo era ruim na vida. Ele nos noticia, portanto, acerca do seu *animus vitae* enfraquecido, acerca da sua cosmovisão pessimista e das possíveis implicações decorrentes desta desvitalização do mundo e do *self* – o que compreende a vida *lato sensu* – em suas ações no plano do real.

Ficamos, assim, sabendo que o narrador não computava já razões suficientes para habitar este mundo, onde nada mais deixava de desgostá-lo. Os satisfeitos, os amáveis, esses que pareceriam reunir justificativas bastantes para habitar esse lugar inóspito, concedem apenas um olhar complacente aos desesperados, evitando tanto

---
[399] Ibidem, p. 16.

contrariá-los quanto convencê-los da impropriedade de seus juízos. Autorizam-nos involuntariamente, por conseguinte, a conduzirem-se ao extremo da sua consumição. Os primeiros dormem, os segundos agonizam.

> Um silêncio grande envolve o mundo. Contudo a voz que me aflige continua a mergulhar-me nos ouvidos, a apertar-me o pescoço. Estremeço. Como é possível semelhante coisa? Como é possível uma voz apertar o pescoço de alguém? Rio, tento libertar-me da loucura que me puxa para uma nova queda, explico a mim mesmo que o que me aperta o pescoço não é uma voz: é uma gravata. A voz diz apenas: – "Sim ou não?"[400]

O silenciamento do mundo sugere um progressivo afastamento do narrador das imagens acústicas que cotidianamente o sustentam, o mundo despovoa-se de seus sons diversos, vozes, murmúrios, gritos, burburinho, e das figuras às quais esta sonoridade prosaica comumente se associa. Onde tudo era ruim, tudo agora é silêncio. Só a voz continua a apertar-lhe o pescoço. O supliciado expressa sua perplexidade com o fato de que uma voz tenha o poder de agir tão tenazmente sobre o seu corpo. "Como é possível semelhante coisa? Como é possível uma voz apertar o pescoço de alguém?"[401]

Essa notável ilustração literária da materialização do significante permite a equalização dos sofrimentos físicos e psíquicos e oferece-nos uma primeira chave na tentativa de desvelamento hermenêutico de um sentido possível para o encadeamento dos nós com os quais se tece a trama enigmática que entrelaça o texto e a vivência do autor. A marca do significante no real, essa impregnação do orgânico pelo semantema, é o que transubstancia a letra em corpo e o corpo em letra. A circularidade que incidentalmente se estabelece entre *a carne e a escrita* é o exato ponto de consistência a partir do qual

---
[400] Ibidem, *loc. cit.*
[401] Ibidem, *loc. cit.*

toda e qualquer possibilidade de criação artística se autoriza. "Arte é sangue, é carne. Além disso não há nada", sentenciou Graciliano, que sabia serem os personagens secreções plasmáticas purulentas da *materialma* do autor.

A voz, conforme vemos, tem não somente o poder de coarctar como o de coarctar-se, quando freqüentemente se faz sintoma, se espetaculiza corporalmente como afonia, afasia, tartamudez. A escrita encarnada já não nos faz tão certos, assim, de que a palavra *cão* não morde ou de que a palavra *flecha* não transfixa. A linguagem mostra ser corpo, "corpo sutil, mas corpo" como diria Lacan (1953).

Da fala ao corpo, do corpo à coisa, da coisa ao signo. Se não é a fala o que comprime com força o pescoço do personagem, pois a fala não está investida de tais propriedades sensíveis, de motilidade e tato, supõe ele, então é uma gravata. Sente-se injustiçado, todos agora dormem, só ele fica "arriado sobre uma tábua, encolhido, as falanges descarnadas contornando órbitas vazias (...) Os vermes insaciáveis dizem baixinho: 'Sim ou não?'"[402] A atomização do Outro, os vermes que comem a carne e esfarelam a razão, aparecem somente quando a luz se enfraquece até o ponto em que a escuridão é total. O supliciado aproxima-se um pouco mais da verdade, está prestes a descobrir algo:

> A luz que vinha da casa próxima desapareceu, a vidraça apagou-se, e este quarto é uma sepultura. Uma sepultura onde pedaços do mundo se ampliam desesperadamente.
> Sim ou não? Como entraram aqui estas palavras? por onde entraram estas palavras?[403]

E de súbito, num lampejo lúgubre:

> Enforcaram-me, decompus-me, os meus ossos caíram sobre a mesa, junto ao cinzeiro, onde pontas de cigarros se acumulam. Estou só e

---
[402] Ibidem, *loc. cit.*
[403] Ibidem, *loc. cit.*

morto. Quem me chama lá de fora, quem me quer afastar do túmulo, obrigar-me a andar na rua, tomar o bonde, entrar no café? Sim ou não? Sei lá! Antes de morrer, agitei-me como doido, corri como doido, enorme ansiedade me consumiu. Agora estou imóvel e tranqüilo. Como posso fumar se estou imóvel e tranqüilo?[404]

O quarto-sepultura, a gravata-forca, todas as coisas agora o contemplam serenamente, sardonicamente. A brasa do cigarro "é uma brasa animada, vai e vem, solta no ar (...) toda a vontade sumiu-se, derreteu-se – e a brasa é um olho zombeteiro. Vai e vem, lenta, vai e vem, parece que me está perguntando qualquer coisa".[405] A vida como que escorreu-lhe para fora; à desvitalização do personagem corresponde a animação generalizada das coisas. Elas falam, indagam, endossam a mesma antinomia que parece traduzir para o enforcado um movimento de oscilação universal: Sim, não, sim, não... Um, dois, um dois... Tique-taque, tique-taque... Vai e vem, vai e vem...

Na imobilidade da morte a paz possível, a beatitude enfim buscada! O enforcado proclama, não sem cinismo, a felicidade suspeita desta nova condição:

> Evidentemente sou um sujeito feliz. Hem? Feliz e imóvel. Se alguém comprimisse ali o botão do comutador, eu veria no espelho uma cara sossegada, a mesma que vejo todos os dias, inexpressiva, indiferente, um sorriso idiota pregado nos beiços.
> Amanhã comportar-me-ei direito, amarrarei uma gravata ao pescoço, percorrerei as ruas como um bicho doméstico, um cidadão comum, arrastado para aqui, para acolá, dizendo frases convenientes. Feliz, completamente feliz.[406]

A vida estrangulada e a morte por estrangulamento não mais se distinguem matafórica e metonimicamente. A vida buscada

---
[404] Ibidem, *loc. cit.*
[405] Ibidem, p. 17.
[406] Ibidem, *loc. cit.*

paradoxalmente na morte e a morte insidiosamente infiltrada na vida desfazem a imprecisa fronteira entre o ser e o não-ser. Estar vivo ou morto é simplesmente incidental para um homem "como os outros", para "um bicho doméstico", para um sujeito "feliz e imóvel". O anátema nietzscheniano contra os "animais de rebanhos"[407] faz-se ouvir no urro de dor do bicho doméstico graciliânico e recoloca a sempre pendente questão camusiana: *Se a vida vale a pena ser vivida*. Não há questão de maior relevância em filosofia, afirma Camus (1951), quando o absurdo se instala na existência de um homem; o *non-sens* do circuito sísifico que o faz acordar, banhar-se, fazer a barba, o desjejum, vestir-se apressado, reencontrar o trabalho suspenso no dia anterior, o almoço, a tarde custosa, o retorno a casa, o jantar, o sono, dormir, acordar... O deslizamento sutil para o viés letárgico que a rotina estabelece surdamente e que a cotidianeidade impõe, interceptando qualquer possibilidade de reflexão sobre o ser, de indagação sobre o ser do ente, como dirá Heidegger[408].

Graciliano desenha-nos o homem "preocupado" heideggeriano, atrelado ao imediato, ao por-fazer, ao sistema dos utensílios, e privado de qualquer possibilidade de transcendência, de elevação a uma subjetividade transcendental. O suicídio, sob tais circunstâncias, poderá ser o último, definitivo e heróico gesto do verdadeiro *self* contra as formas inautênticas do existir. Como propõe Winnicott (1960), o existir inautêntico (falso *self*) se caracteriza pela complacência (*compliance*), pela submissão e pelo acatamento automático das regras, normas e padrões. O *self* inautêntico está, porém, privado da experiência, e permanece sempre aquém das possibilidades de expansão através do insumo vivencial; o falso *self* apenas "cataloga" situações; tende ainda a especializar-se numa função imitativa, mimética, especialização que consiste em simular ser um *self* autêntico, ou o que supõe seja isto que está definitivamente impossibilitado de conhecer.

---

[407] Nietzsche, F. *A genealogia da moral*. Rio de Janeiro: Ediouro, s. d.
[408] Heidegger, M. (1930, 1949, 1953).

Se a noite findasse, erguer-me-ia, caminharia como os outros, entraria no banheiro, livrar-me-ia das impurezas que me estão coladas nos ossos. Mas a noite não finda, todos os relógios descansaram – e a Terra está imóvel como eu.(...) Um zumbido longo de abelhas. E as abelhas partem os vidros da janela escura, o vento vem lamber-me os ossos, enrolar-se no meu pescoço como uma gravata.[409]

A noite, porém, faz-se eterna, a escuridão domina e o silêncio é sepulcral. O ato perpetrado pelo enforcado só encontra o seu equivalente na escrita, ele demarca o extremo das capacidades humanas de destruição, encena a mais espetacular das transgressões. O gesto pelo qual o enforcado ingressa na noite eterna não autorizará jamais a sua absolvição. Sua inocência reside em havê-lo suposto um ato resolutivo. Na busca da paz, da felicidade, ele condena-se a uma expiação sem fim. As Erínias, representadas aqui pelas abelhas, como em *Angústia* pelas carapanãs, atravessam a vidraça e serpenteiam com o vento que vem enrolar-se ao redor do pescoço do enforcado, como uma "gravata". Elas constituem o indigno cortejo da sua segunda morte, a grave condenação póstuma da insolência (*Hibrys*) implicada no auto-extermínio, ofensa máxima à ordem divina e à lei universal.

A escrita, como a morte, anseia por esse espaço indimensionável, por essa irrestrita abolição de constrangimentos e limites. Busca a clareza e o ilimitado, e "a clareza é a própria escrita, a plenitude da escrita, todo esse desejo que está na escrita" (Barthes,1966). Há, entretanto, uma incidental coincidência entre a escrita de um romance e a morte, o romance é uma morte, o romance "faz da vida um destino, da recordação um ato útil, e da duração um tempo dirigido e significativo" (Barthes, 1953). Mas se escrita mata, também a morte es(ins)creve, e "ao apagar a assinatura do escritor, a morte fundamenta a verdade da obra, que é enigma" (Barthes, 1966).

---

[409] Ibidem, *loc. cit.*

Analisando a relação entre escrita e morte em Kafka, Maurice Blanchot sugere que ele "teria precisamente reconhecido nesse terrível estado de autodissolução, onde está perdido para os outros e para si mesmo, o centro da gravidade da exigência de escrever. Onde ele se sente destruído até o fundo nasce a profundidade que substitui a destruição pela possibilidade de criação suprema"[410]. A condição de indigência da escrita parece exigir do autor um despojamento ilimitado, uma posição de negatividade radical, almejando, enfim, o alcance desse ponto de síncope entre o tempo e o espaço "onde o infinito coincide com lugar nenhum", onde o neutro adquire todo o poder gerador, onde isso (alguém) fala, onde a escrita é zerada pelo banimento do *alter* e do *ego*, onde mais precisamente: "Escrever é quebrar o vínculo que une a palavra ao eu."

A virtude mágica do significante, esse seu poder demiúrgico de criar num *flatus vocis* múltiplas realidades, universos desiguais, revela o inteiro risco envolvido no ato de escrever. O poder de ereção/erosão da escrita compreende o espaço onde o eu e o outro estão sobrepostos, amalgamados no êxtase comum da fruição, fundidos no gozo da língua, da palavra. Entretanto,

> (...) tendo esse poder de fazer as coisas 'erguerem-se' no seio de sua ausência, senhoras dessa ausência, as palavras também têm o poder de se dissiparem a si mesmas, de se tornarem maravilhosamente ausentes no seio de tudo o que realizam, de tudo o que proclamam anulando-se, do que eternamente executam destruindo-se, ato de autodestruição sem fim, em tudo semelhante ao tão estranho evento do suicídio.[411]

A morte, enunciada em paradoxo, seria o único meio de evitação tanto do nada quanto do acaso. A morte voluntária, pela qual igualmente nós nos abolimos e nos fundamos[412], numa encenação repetida

---
[410] Blanchot, M. 1955. *O espaço literário*. Rio de Janeiro: Rocco, 1987, p. 16.
[411] Ibidem, p. 37.
[412] cf. George Poulet, citado por Blanchot, 1955.

do embate dialético entre o Senhor e o Escravo, na qual, porém, a condição trágica é para toda a vida insuperável, extinguindo-se apenas na morte, mas sem uma solução sintética; ponto em que certamente coincidiremos mais com Kierkegaard do que com Hegel.

Numa asserção sentencial acerca das inter-relações entre morte e escrita, Maurice Blanchot parece aproximar-se do *Hollow Men*[413] eliottiano em seu sussurrado enunciado apocalíptico: *this is the way the world ends, not as a bang but whimper*. A eloqüência lapidar do vazio irá ressoar em Blanchot assumindo conceitualmente a forma que lhe é emprestada pela escrita contemporânea: "Escrever não está destinado a deixar marcas, mas a borrar, por meio das marcas, todas as marcas; a desaparecer no espaço fragmentário da escrita, mais definitivamente do que se desaparece na tumba; ou também a destruir de forma invisível, sem o estrépito da destruição."[414]

Por isso, a escrita aproxima-se da morte tanto quanto se afasta do suicídio. A saída do absurdo, de acordo com Camus, contempla duas possibilidades: o suicídio ou o enfrentamento. Como, porém, o absurdo é para o autor "o estado metafísico do homem consciente"[415], a única posição filosófica coerente e conseqüente é a revolta, a rebelião, "uma confrontação perpétua do homem com sua própria obscuridade. É exigência de uma transparência impossível (...) a rebelião metafísica estende a consciência a todo o campo da experiência. É essa presença constante do homem ante si mesmo[416]". Essa rebelião é a segurança de um destino aplastante menos a resignação que deveria acompanhá-la.

A atitude absurda afasta-se, portanto, da opção suicida na medida em que propõe uma insurgência contínua do sujeito contra o inexorável, um embate incessante "da inteligência com uma realidade que a supera". A ilusão suicida ou a futilidade expressa nessa solução,

---
[413] Eliot, T. S. (1963) *Poesia*. Rio de Janeiro: Nova Fronteira, 1995.
[414] Ibidem, p. 55.
[415] Camus, 1951, p. 50.
[416] Ibidem, p. 64.

aparentemente revoltada, mas essencialmente complacente, está lucidamente apontada por Camus ao afirmar:

> Pode-se crer que o suicídio segue-se à rebelião, mas é um erro, pois ele não simboliza o seu resultado lógico. É exatamente o seu contrário, pelo consentimento que supõe. O suicídio, como o salto, é a aceitação no seu limite. Tudo está consumado e o homem reingressa na sua história essencial. Discerne o seu porvir, o seu único e terrível porvir, e se precipita nele. À sua maneira o suicídio resolve o absurdo. Arrasta-o igualmente para a morte. Mas eu sei que, para que se mantenha, o absurdo não pode resolver-se. Ele elude o suicídio na medida em que é ao mesmo tempo consciência e rechaço da morte.[417]

O suicídio, para Camus, constitui um desconhecimento, no sentido aristotélico da palavra. Um elemento de alienação e de acatamento conduz o suicida à renúncia no momento mesmo em que teria de opor-se a tudo que o convida a se matar. Até onde sua obra influenciou Graciliano Ramos, nem o próprio escritor alagoano nos diz. Embora saibamos que Graciliano traduziu o romance mais conhecido de Albert Camus para o português, *A Peste*, não há maiores referências suas ao autor francês no sentido da emissão de um juízo crítico acerca da qualidade que atribuía a sua obra. Há, porém, algo da ordem da revolta e da secura que efetivamente os aproxima, embora Camus ultrapasse em muito a Graciliano – e talvez a todos os romancistas da sua geração – na personificação literária da apatia e da indiferença, sobretudo em *O Estrangeiro*, o que fez com que Barthes o tomasse como um protótipo de "escrita branca". Camus teria alcançado ali o grau zero da escrita, sempre buscado antes, sem sucesso, por diferentes escritores de nacionalidades diversas.

Permitam-nos, porém, retornar à problemática do corpo, em Graciliano Ramos, na medida em que esse parece ser para ele a fonte

---

[417] Ibidem, *loc. cit.*

de todo conhecimento possível do mundo e de toda possibilidade de exercício da literatura ("Arte é sangue, é carne..."), estando aí a sua afinidade com o pensamento fenomenológico – em literatura, filosofia e psicanálise – suficientemente bem-ilustrada.

O corpo vivo (*leibkörper, alive body*), base cenestésica e proprioceptiva de todas as vivências, que sustenta a aventura do *self* no mundo, esboça um movimento em direção ao mundo e o cria como próprio: "Por em relevo meu corpo vivo reduzido a próprio significa já um fragmento da posta em relevo da essência reduzida ao que me é próprio no fenômeno objetivo *eu enquanto este homem*" diz Husserl[418]. "O corpo é o nosso meio geral de ter um mundo (...) nele aprendemos a conhecer esse nó da essência e da existência que reencontraremos em geral na percepção"[419], escreve Merleau-Ponty. "O corpo vivo, com seus limites, e com um interior e um exterior, é sentido pelo indivíduo como formando o núcleo do *self* imaginativo[420]", afirma Winnicott. O corpo ocupa, entretanto, em Graciliano, o centro das mais dilacerantes passagens de seus livros, sendo o sofrimento físico minuciosa e pungentemente relatado em suas obras ficcionais e confessionais. Trata-se, mais bem, de um *corpo vivo mortificado*, de um corpo que a despeito dos tormentos que lhe são incessantemente infligidos debate-se "absurdamente" pela vida, insiste, in-xiste.

Se compararmos as descrições das punições físicas que nos são feitas pelo autor em *Infância*, sobretudo nos capítulos iniciais, com a temática dos contos que encontramos em *Insônia*, especialmente os que são objeto da nossa análise no segundo capítulo e também no presente, *O relógio do hospital*, *Paulo* e *Insônia*, tornar-se-á talvez mais compreensível a interpenetração vivência/texto na determinação

---

[418] Husserl, E.(1934). *Meditaciones Cartesianas*. México: Fondo de Cultura Económica, p.158.

[419] Merleau-Ponty, M. (1945). *Fenomenologia da percepção*. Rio de Janeiro: Freitas Bastos, p. 158.

[420] Winnicott, D. W. (1953) Mind in its relation to the psycho-soma. In: *Trough Pediatrics to Psycho-Analysis: Collected Papers*. New York: Brunner//Mazel1992, p. 244.

da qualidade carnal dessa escrita. Nosso autor parece ser conduzido febrilmente em busca de um centro inatingível para o qual a escrita e a obra sempre tenderão em seu propósito de textualização da experiência vivida. Não poderíamos deixar de concordar com Camus em que "uma série de obras pode não ser mais do que uma série de aproximações do mesmo pensamento" por parte de um autor. E nesse sentido, poder-se ia também pensar "que a série de suas obras não é mais do que uma coleção de fracassos. Mas se todos esses fracassos conservam a mesma ressonância, o criador soube repetir a imagem da sua própria condição, fazer que ressoe nelas o segredo estéril que detém".[421]

Observe-se, portanto, que o centro de atração da obra, o complexo nuclear que ela se esforça por tanger, o nó falhado cujas pontas pretende amarrar, constituem essa realidade enigmática e ilocalizável cujo rastro se perde depois de alguns passos e cuja verdade brinca de esconder com o escritor; e que talvez, como conclui Camus, "a grande obra de arte tem menos importância por si mesma que pela provação que exige de um homem e pela ocasião que lhe proporciona de vencer os seus fantasmas e aproximar-se um pouco mais da sua nua realidade".[422]

Reconsideremos, por fim, a questão que no início nos propusemos ao modo de uma indagação principal: aquela que essencialmente interroga pelo sentido do nó.

A imagem ou idéia da "corda", como antecipamos em capítulos anteriores, desliza como significante gerativo no seguimento da escrita graciliânica, fazendo suas irrupções espetaculares de tanto em tanto e recebendo diferentes denominações. As principais foram já listadas: corda, cobra, cano, cachaço, forca, chicote, gravata etc. Refratando significados diversos, utensílio do cotidiano, objeto de adorno, ducto hidráulico, animal peçonhento, instrumento de castigo, parafernália do algoz, a imagem permeia a obra literária e mesmo a

---
[421] Camus, A, p. 124.
[422] Ibidem, p. 125.

correspondência pessoal do escritor. Atente-se a essa passagem de uma carta que envia ao pai, o temível Sebastião Ramos de *Infância*, em 24 de maio de 1915:

> Eu me conheço – não presto mesmo para nada. Desgostos, lhos tenho dado. Joguei, meti-me em farras, pintei a manta. (...) Coisas úteis creio que nunca fiz. Para que servia eu aí? Para ensinar gramática aos rapazes? Mas eu sou burro como o diabo. (...) Fiquei ocupado em não fazer nada, uma bela ocupação, esperando comprar a passagem e umas gravatas. Eu sou sempre o homem das gravatas.[423]

O discurso autocomiserativo parece ter a função de atenuar, de antemão, as críticas e censuras que provavelmente sobreviriam de parte do pai; esse outro/Outro aplastante cuja violência e irracionalidade, aos olhos do filho, tivemos já a oportunidade de demonstrar no capítulo inicial. Graciliano continuaria a dispensar-se essa forma de tratamento ao longo da vida – o "pobre diabo" – antecipando sempre as críticas severas, supostas latentes nos semelhantes, e que correspondiam à projeção do seu próprio rigor no julgamento dos atos, idéias e palavras dos outros, sobretudo os que se lhe opunham, a quem tendia a qualificar muito comumente de "cavalgaduras". Mas "o nó da questão" – ou da gravata, ou da corda, ou da cascavel etc... – ressurge em outras cartas, entre as quais parece importante fazermos referência a duas delas. Na primeira, escrita a sua mulher, Heloísa de Medeiros Ramos, no sábado de aleluia, em abril de 1935, lê-se a seguinte passagem a respeito de *Angústia*:

> Estou em grande atrapalhação para matar Julião Tavares. Cada vez me convenço mais de que não tenho jeito para assassino. Ando procurando uma corda, mas pensando bem, reconheço que é uma estupidez enforcar esse rapaz, que não vale uma corda. Enfim não

---
[423] Ramos, G. *Cartas*, 1981, p. 53.

sei. Estou atrapalhado. Se hoje e amanhã eu estiver como nos dois primeiros dias, talvez encontre uma solução para este caso difícil.[424]

Mas... de quem fala, mesmo, Graciliano? A quem se esforça desajeitado por matar – como o próprio Luís da Silva ao realizar o seu ato heróico de forma tão canhestra? Quem é o rapaz (e quem é o Outro?) que "não vale uma corda", a ponto de qualquer esforço para eliminá-lo implicar em conceder-lhe um valor demasiado? Quem é burro como o diabo? Quem não sabe para o que serve? Quem nunca fez nada de útil? Quem, estando desocupado, ocupa-se apenas em ajustar a gravata ao redor do pescoço? Estará o leitor apercebendo-se da forma como fala o *isso*? E, igualmente, da forma como o autor endereça ao *Outro* a sua fala/escrita?

A carta seguinte, escrita aproximadamente dois meses após a saída da cadeia, é certamente a mais desveladora dessa verdade que, ao longo da obra, não cessa de anunciar-se e que parece neste ponto tocar o núcleo do *self*, o ser:

> Uma coisa me surpreende: tenho sonhado constantemente com meu pai. Nunca penso nele, na vida que tenho não me sobra tempo para sentimentalismo. É aqui no duro, arrumando frases com dificuldade. Mas quando sonho o velho me aparece, vivo, e noto que tenho uma grande amizade a ele. (...) É necessário que eu não endoideça, apesar da cadeia. Preciso ter a cabeça no lugar certo e afastar essas coisas do coração. Se o coração entrar na dança, acabo enforcando-me. E por enquanto não pretendo enforcar-me.[425]

Como nos propõe Merleau-Ponty, o mundo humano institui-se como um "prodígio da conexão das experiências" e não é passível de ser explicado por nenhum sistema nem de ser esclarecido por nenhuma solução racional, ele está sempre "aquém das soluções". O homem, na

---
[424] Ibidem, p. 148.
[425] Ibidem, p. 191.

fenomenologia merleau-pontyana, é concebido como um "nó de relações" e a unidade da consciência se constrói gradativamente por uma "síntese de transição". O estabelecimento de novas dimensões da experiência produz um deslocamento em que, na relação do eu com o mundo, "o objeto é a cada momento retomado e colocado novamente sob sua dependência"[426]. A imagem do nó mostrou-se útil também a Lacan para ilustrar diagramaticamente o entrelaçamento dos três registros psíquicos: Imaginário, Simbólico e Real. Na zona delimitada pela interseção dos três anéis lacanianos (objeto a) estará sendo sustentado o sujeito. Havendo a ruptura de um desses três aros o laço (campo) da subjetividade se desatará. A esse laço, em cujo centro encontra-se vitalmente e precariamente amparado o sujeito, Lacan denominou de "nó borromeano", por haver descoberto o símbolo no brasão de uma antiga família italiana, os Borromeu.

A imagem da corda em suas variações metafigurativas, o fio de linha, fio de cabelo, fio de telefone, cabo submarino, cordão umbilical, corrente, ou simples barbante, resulta numa profusão de metáforas e metonímias através das quais poderemos aludir a quase tudo, na medida em que com essas figuras metaforizamos a ligação, o laço, ou os seu oposto, o desligamento, o desenlace – entre pessoas, corpos, mentes, objetos, regiões etc. Num pequeno e magistral artigo intitulado *Cordão: uma técnica de comunicação* (1960), Winnicott relata-nos a história de um menino que havia sido encaminhado à consulta em decorrência de alguns sintomas que perturbavam seu desenvolvimento. Ele apresentava variações bruscas do humor, gostava de assustar os outros, ameaçava cortar os familiares em pedacinhos, tinha o hábito de lamber objetos e pessoas, eventualmente recusava-se a evacuar ou evacuava nas calças, e de maneira geral era visto como uma criança difícil, embora demonstrasse em certos momentos possuir uma boa índole.

Na entrevista com os pais, Winnicott soubera que a mãe sofria de episódios depressivos recorrentes e que havia sido hospitalizada, por dois meses, quando o filho contava quatro anos de idade. Antes disso

---

[426] Merleau-Ponty, M. *Fenomenologia da Percepção*, p. 47.

ocorreram também duas outras separações por hospitalização da mãe: uma por ocasião do nascimento da irmã menor e outra por uma cirurgia a que aquela teve de submeter-se.

Na entrevista com o menino o analista propôs que ambos rabiscassem juntos, completando um o rabisco feito pelo outro. Essa brincadeira, à qual Winnicott denominava *squiggle game,* teve um resultado curioso: quase todo rabisco feito pelo analista era transformado pelo menino em algo associado a cordões. Assim, surgiram em seqüência nos desenhos as figuras de um laço, um chicote, um relho, um cordão de ioiô, outro relho e outro chicote.

Quando Winnicott voltou a ver os pais, indagou-lhes acerca deste elemento gráfico (semiótico) presente nos desenhos da criança. Eles relataram, então, que o menino demonstrava uma verdadeira obsessão por cordões e que, freqüentemente, ao entrarem na sala descobriam que ele havia atado os pés dos móveis uns nos outros, e que costumava também amarrar as almofadas ligando-as à lareira, havendo inclusive há pouco tempo amarrado uma corda no pescoço da irmã – aquela que ao nascer provocara a sua primeira separação da mãe. Winnicott considerou, então, oportuno comunicar-lhes um possível significado da conduta compulsiva do menino: disse-lhes que o garoto experimentava intensa angústia ligada ao risco de separação e que seu sintoma era uma tentativa de negar magicamente a separação, como se nega a distância de um amigo ao utilizar o telefone. Acrescentou ainda que as experiências anteriores o haviam marcado profundamente, e que ele tratava de precaver-se contra possíveis repetições daquelas situações, que haviam tido para ele a dimensão de uma catástrofe.

Quatro anos após essa primeira entrevista na qual os pais, que moravam numa cidade muito distante, foram instruídos a falar francamente com o menino sobre o significado de seus temores e assegurar-lhe que tais situações não se repetiriam mais (resultando estas conversas no completo desaparecimento dos sintomas), o menino voltou a apresentar uma nova fase de preocupação com cordões e ataduras por ocasião de um novo episódio depressivo da mãe, infelizmente associado no tempo à perda do emprego do pai. Um dia, ao chegar em casa, o pai encontrou o rapaz pendurado por uma corda de cabeça para baixo; "ele estava flácido e saía-se muito bem interpretando o papel de morto". Como compreendeu o possível sentido que o retorno desse comportamento adquiria em tal contexto, o pai não se sentiu angustiado e tratou o fato como se fosse uma brincadeira, afastando-se e retornado à sala sem dar maior atenção ao que ocorria. Após cerca de meia hora o menino desistiu da brincadeira e abandonou a posição, que já lhe resultava incômoda. No dia seguinte, porém, ele repetiu a cena pendurando-se em uma árvore que podia ser vista da janela da cozinha por sua mãe, que não teve a mesma reação continente do marido e correu aflita para socorrer o filho que acreditou haver-se enforcado. O comportamento compulsivo novamente desapareceu quando se tornou tema de diálogo entre o filho e os pais, sob a orientação de Winnicott, havendo também uma tranqüilização da família com o restabelecimento da mãe e com o retorno do pai ao trabalho.

"Texto é tecido", dizia Barthes[427], acrescentando a tal afirmativa que quem escreve manipula e brinca com o corpo da mãe. Ponto por ponto alinhava-se a totalidade da obra, costuram-se os buracos na experiência do *self*, suturam-se os rasgões na cútis delicada do ser. Da *carne à escrita*, empreende-se o esforço definitivo no sentido da ascese que todo gesto literário esperaria, por fim, alcançar.

Do menino aterrorizado de *Infância* que despenca das nuvens e adquire uma consciência dolorosa do mundo em meio a gritos, bolos, chicotadas e cocorotes, ao enforcado de *Insônia*, tão desejoso de viver quão fascinado pela morte, observamos o mesmo processo de maceração do corpo, de lapidação da alma, de cozedura do espírito na agulha da crueldade. Crueldade com a qual Graciliano nunca soube ao certo o que fazer. Crueldade que o manteve suspenso entre o suicídio e o assassinato. E talvez por não saber *exatamente* o que fazer com ela, *imprecisamente* dela extraiu sua magnífica virtude de escritor.

---

[427] Barthes, R. (1973). *O Prazer do Texto*, p. 112.

O conhecimento do mundo através da crueldade é relacionado ao ofício da escrita pelo próprio autor nos parágrafos finais de "Nuvens", primeiro capítulo de *Infância*, com cuja transcrição textual, apresentada à guisa de epílogo, nosso estudo crítico sobre a criação literária igualmente se concluirá. Graciliano relembra ali uma aventura recitada preguiçosamente por uma antiga mestra, D. Maria:

> Um menino pobre foi recebido caridosamente em casa de certo vigário amancebado. Temendo ver na rua os seus podres, o Reverendo ensinou ao pequeno uma gíria extravagante que baldaria qualquer descrição possível. Afirmou que se chamava Papa-hóstia e à amante deu o nome de Folgazona; gato era papa-rato, fogo era tributo. Esqueci o resto, e não consigo imaginar por que razão tributo serviu para designar fogo. Seguros de que o rapaz não os denunciaria, o padre e a rapariga começaram a maltratá-lo. Não se mencionou o gênero dos maus tratos, mas calculei que deviam assemelhar-se aos que meus pais me infligiam: bolos, chicotadas, cocorotes, puxões de orelha. Acostumaram-me a isto muito cedo – e em conseqüência admirei o menino pobre, que, depois de numerosos padecimentos, realizou feito notável: prendeu no rabo de um gato um pano embebido em querosene, acendeu-o, escapuliu-se gritando:
>
> > Levante, seu Papa-hóstia,
> > Dos braços de Folgazona.
> > Venha ver o papa-rato
> > Com um tributo no rabo.
> >
> > ....

Esta obra de arte popular até hoje se conservou inédita, creio eu. Foi uma dificuldade lembrar-me dela, porque a façanha do garoto me envergonhava talvez e precisei extingui-la. Ouvindo a modesta epopéia, com certeza desejei exibir energia e ferocidade. Infelizmente não tenho jeito para violência. Encolhido e silencioso, agüentando cascudos, limitei-me a aprovar a coragem do menino vingativo. Mais tarde, entrando na vida continuei a venerar a decisão e o heroísmo, quando isto se grava no papel e os gatos se transformam em paparatos. De perto os indivíduos capazes de amarrar fachos nos rabos dos gatos nunca me causaram admiração. Realmente são espantosos, mas é necessário vê-los à distância, modificados.[428]

---

[428] *Op. cit.*, p. 19.

BIBLIOGRAFIA

Amado, J. (1975) *Mestre Graça*. Prefácio a *Viagem*, São Paulo: Record.

Aristóteles. *Metafísica*. Buenos Aires: Ediciones Três Tiempos, 1982.

Assis, M. (1857). *Memórias póstumas de Brás Cubas*. Obra Completa, Jackson, 1957.

Ataíde, V. (1973). *Vidas Secas: articulação narrativa*. In: Brayner, S. (1977), *Graciliano Ramos – fortuna crítica 2*. Rio de Janeiro: Civilização Brasileira

Bakhthin, M. (1927). *O freudismo*. São Paulo: Perspectiva, 2001.

Bakhtin, M. (1992). *Estética da criação verbal*. São Paulo: Martins Fontes.

Bakhtin, M. (1997). *Problemas da poética de Dostoiévski*. Rio de Janeiro: Forense Universitária.

Barthes, R. (1953). *O grau zero da escrita*. Lisboa: Edições 70, 1997.

Barthes, R. (1973). *O prazer do texto*. Lisboa: Edições 70, 2001.

Barthes, R. (1977). *Fragmentos de um discurso amoroso*. Rio de Janeiro: Francisco Alves, 1995.

Barthes, R. (1980). *A câmara clara*. Rio de Janeiro: Nova Fronteira, 1984.

Barthes, R. (1957). *Mitologias*. São Paulo: DIFEL, 1982.

Barthes, R. (1963). *Racine*. Porto Alegre: L&PM, 1987.

Barthes, R. (1966). *Crítica e Verdade*. Portugal, Edições 70, s.d.

Barthes, R. (1970). *S/Z – Uma análise da novela Sarrasine de Honoré de Balzac*. Rio de Janeiro: Nova Fronteira, 1992.

Barthes, R. (1975). *Roland Barthes por Roland Barthes*. São Paulo: Liberdade, 2003.

Bataille, G. (1957). *O erotismo*. Porto Alegre: L&PM, 1987.

Blanchot, M. (1949). *A Parte do Fogo*. Rio de Janeiro: Rocco, 1997.

Blanchot, M. (1955). *O Espaço Literário*. Rio de Janeiro: Rocco, 1987.

Blanchot, M. (1959). *O livro por vir*. Relógio d'Água, Lisboa: 1984.

Blanchot, M. (2001). *A conversa infinita*. São Paulo, Escuta, 2001.

Blanchot. M. (1973). *El paso (no) más allá*. Buenos Aires: Paidos, 1994.

Brasil, F.A.A. (1969). *Graciliano Ramos: ensaio*. Rio de Janeiro: Simões.

Brayner, S. (1977). *Graciliano Ramos – fortuna crítica 2*. Rio de Janeiro: Civilização Brasileira.

Bulhões, M. M. (1999). *Literatura em campo minado: a metalinguagem em Graciliano Ramos e a tradição literária brasileira*. São Paulo: Annablume: FAPESP.

Cabral de Mello Neto, J. (1965). *Antologia Poética*. Rio de Janeiro: José Olympio.

Camus, A. (1956) *A queda*. Rio de Janeiro: Record.

Camus, A. (1957). *L'Étranger*. Paris: Gallimard, 1978.

Camus, A. (1947). *A Peste*. Rio de Janeiro: Record, s. d.

Camus, A. (1951). *El mito de Sísifo*. Buenos Aires, Losada, 1953.

Candido, A. *A formação da Literatura Brasileira: momentos decisivos*. São Paulo: Martins, 1959; 6ª ed. Belo Horizonte: Itatiaia, 1981. 2 v.

Candido, A. (1992). *Ficção e Confissão: ensaios sobre Graciliano Ramos*. Rio de Janeiro: Editora 34.

Carpeaux, O. M. *Visão de Graciliano Ramos*. In: Brayner, S. (Org.) Graciliano Ramos. Rio de Janeiro: Civilização Brasileira, 1977.

Cartas entre Freud e Pfister. Belo Horizonte: Ultimato, 1997.

Cournut, J. (1998). La renovación del psicoanálisis francés. *International Psychoanalysis*, vol. 7, n° 1.

Cristóvão, F. A. (1977). *Graciliano Ramos: estrutura e valores de um mode de narrar*. Rio de Janeiro: Ed. Brasília.

Delay, J. (1956). *La jeunesse d'André Gide*. Paris: Gallimard, 2 vol.

Dostoievski, F. (1962). *Memórias do Subsolo*. Obras completas. Rio de Janeiro: José Olympio.

Eco, U. (1968). *A estrutura ausente*. São Paulo: Perspectiva, 2001.

Eliot, T. S. (1963). *Poesia*. Rio de Janeiro: Nova Fronteira, 1995.

Faria, O. (1969). *Graciliano Ramos e o sentido do humano*. In: Brayner, S. (1977), *Graciliano Ramos – fortuna crítica 2*. Rio de Janeiro: Civilização Brasileira.

Flaubert, G. (1979). *Madame Bovary*. São Paulo: Abril Cultural.

Foucault, M. (1966). *As palavras e as coisas*. São Paulo: Martins Fontes, 1992.

Freud, S. (1910). *Observaciones psicoanalíticas sobre un caso de paranoia autobiograficamente descrito*. Obras Completas, Madrid: Biblioteca Nueva, 1973.

Freud, S. (1910). *Un recuerdo infantil de Leonardo de Vinci*. Obras Completas, Madrid: Biblioteca Nueva, 1973.

Freud, S. (1937). *Analisis terminable e interminable*. Obras Completas, Madrid: Biblioteca Nueva.

Freud, S. (1899). *Los recuerdos encobridores*. Obras Completas, Biblioteca Nueva, Madrid, 1973.

Freud, S. (1907). *El delírio y los sueños en la Gradiva de W. Jensen*. Obras Completas, Madrid: Biblioteca Nueva, 1973.

Freud, S. (1908). *El poeta y los sueños diurnos*. Obras Completas, Madrid: Biblioteca Nueva, 1973.

Freud, S. (1913). *El multiple insterés del psicoanalisis*. Obras Completas, Madrid: Biblioteca Nueva, 1973.

Freud, S. (1914). *Introducción al narcisismo*. Obras Completas, Madrid: Biblioteca Nueva, 1973.

Freud, S. (1914). *Tótem y Tabu*. Obras Completas, Madrid: Biblioteca Nueva, 1973.

Freud, S. (1920). *Más allá del principio del placer*. Obras Completas, Madrid: Biblioteca Nueva, 1973.

Freud, S. (1922). *Una neurosis demoníaca del siglo XVII*. Obras Completas, Madrid: Biblioteca Nueva, 1973.

Gama e Mello, V. (1955). *O humanismo incidente de Graciliano Ramos*. In: Brayner, S. (1977). *Graciliano Ramos – fortuna crítica 2*. Rio de Janeiro: Civilização Brasileira.

Genette, G. (1966). *Figuras*. São Paulo: Perspectiva, 1972.

Graña, R. (1995). *Além do Desvio Sexual: teoria, clínica, cultura*. Porto Alegre: Artes Médicas.

Graña, R. B. (1998). Relação, Destruição e Uso de objeto: egoidade e alteridade numa perspectiva epistêmica winnicottiana. *Revista Brasileira de Psicanálise*, vol. 8, n° 2.

Graña, R. e Piva. A (2001). *A Atualidade da Psicanálise de Crianças*. São Paulo: Casa do Psicólogo.

Graña, R. B. (2002). Donald W. Winnicott e Maurice Merleau-Ponty: pensando a psicanálise sob o signo da fenomenologia. *Revista Brasileira de Psicanálise*, vol. 36, n° 4.

Graña, R. B. (2003). Dostoievski. In: *Freud e suas leituras*. Porto Alegre: Sociedade Brasileira de Psicanálise de Porto Alegre.

Green, A. (1988). *Narcisismo de vida, Narcisismo de Morte*. São Paulo: Escuta.

Green, A. (1990). *Conferências Brasileiras de André Green – metapsicologia dos limites*. Rio de Janeiro: Imago.

Guimarães, J. A. (1987). *Graciliano Ramos e a fala das memórias*. Maceió: EDICULTE/SECULTE.

Hegel, G. W. F. (1807). *La fenomenologia del espirito*. México: Fondo de Cultura Económica, 1982.

Heidegger, M. (1927). *Ser y tiempo*. México: Fondo de Cultura Económica, 1973.

Heidegger, M. (1930). Sobre a essência da verdade. in: *Os Pensadores*. São Paulo: 1979.

Heidegger, M. (1949). Sobre o "humanismo". in: *Os Pensadores*. São Paulo: 1979.

Heidegger, M. (1953). *Introdução à metafísica*. Rio de Janeiro: Tempo Brasileiro, 1978.

Husserl (1913). *Ideas relativas a una fenomenologia pura y una filosofía fenomenológica*. México: Fondo de Cultura Económica, 1997.

Husserl, E. (1934). *Meditaciones Cartesianas*. México: Fondo de Cultura Económica, 1996.

Ionesco, E. (1976). *O rinoceronte*. São Paulo: Abril Cultural.

Kafka, F. (1965). *A metamorfose*. In: *A colônia Penal*. São Paulo: Exposição do Livro.

Kant, E. (1787). *Crítica da Razão Prática*. Rio de Janeiro: Ediouro, s. d.

Kierkegaard, S. (1843). *Temor e Tremor*. São Paulo: Abril Cultural, 1979.

Kierkegaard, S. (1844). *El concepto de la angustia*. Barcelona: Ediciones Orbis, 1984.

Kierkegaard, S. (1849). *O desespero humano: doença até a morte*. São Paulo: Abril Cultural, 1979.

Kohut, H. (1971). *Analisis del self – tratamiento psicoanalitico de los trantornos narcisistas de personalidad*. Buenos Aires: Amorrortu, 1977.

Kristeva, J. (1996). *Sentido e Contra-senso da Revolta*. Rio de Janeiro: Rocco, 2001.

Lacan, J. (1948). A agressividade em psicanálise. In *Escritos*, Rio de Janeiro: Zahar, 1998.

Lacan, J. (1953). Função e campo da fala e da linguagem em psicanálise. In: *Escritos*, Jorge Zahar Editor, 1995.

Lacan, J. (1954-1955). *O Seminário, Livro 2 – O eu na teoria de Freud e na técnica da psicanálise*. Rio de Janeiro: Jorge Zahar Editor, 1985.

Lacan, J. (1956). *O Seminário, Livro 3 – As Psicoses*. Rio de Janeiro: Jorge Zahar Editor, 1985.

Lacan, J. (1957). A instância da letra no inconsciente ou a razão desde Freud. In: *Escritos*, Jorge Zahar Editor, 1995.

Lacan, J. (1957). *O Seminário, Livro 4 – A relação de objeto*. Rio de Janeiro: Jorge Zahar Editor, 1985.

Lacan, J. (1964). *O seminário, Livro 11 – Os quatro conceitos fundamentais da psicanálise*. Rio de Janeiro: Jorge Zahar, 1990.

Lacan, J. (1966). Subversão do sujeito e dialética do desejo no inconsciente freudiano. In *Escritos*, Rio de Janeiro: Zahar, 1998.

Lacan, J. (1975). *O seminário, Livro 20 – Mais, ainda...* Rio de Janeiro: Jorge Zahar, 1985.

Lafetá, J. L. (1996). *O mundo à revelia*. Posfácio a *São Bernardo*. Rio de Janeiro: Record.

Leclaire, S. (1991). *O país do Outro: o inconsciente*. Rio de Janeiro: Jorge Zahar, 1992.

Lejeune, P. (1975). *Le pacte autobiographique*. Paris: Seuil.

Lima Vaz, H. C. Senhor e escravo: uma parábola da filosofia ocidental. *Revista Síntese*, n° 21. Rio de Janeiro: 1981.

Lima, Y. D. e Reis, Z. C. (1992). *Catálogo de Manuscritos do Arquivo Graciliano Ramos*, São Paulo: EDUSP.

Lins, A. (1973). *Valores e Misérias das Vidas Secas*. Prefácio a *Vidas Secas*. São Paulo: Martins.

Lobato, M. *Negrinha*. São Paulo: Brasiliense, 1973.

Lukács, G. (1965). *A teoria do romance*. São Paulo: Duas Cidades; Ed. 34. 2000.

Maupassant, G. *Bola de Sebo e outros contos*. Globo. s.d.

Mauron, C. (1963). *Des métaphores obsedantes au mythe personnel*. Paris: José Corti.

McDougall, J. (1978). *Em defesa de uma certa anormalidade*. Porto Alegre: Artes Médicas, 1983.

Merleau-Ponty, M. (1942). *La estructura del comportamiento*. Biblioteca Hachette de Filosofia, Buenos Aires, 1957.

Merleau-Ponty, M. (1945). *Fenomenologia da Percepção*. Rio de Janeiro: Freitas Bastos, 1971.

Merleau-Ponty, M. (1948). *Sentido y Sinsentido*. Barcelona, Península, 1977.

Merleau Ponty, M. (1953). *Elogio da filosofia*. Lisboa: Guimarães Editores, 1986.

Merleau-Ponty, M. (1960). *Signos*. São Paulo: Martins Fontes, 1991.

Merleau-Ponty, M. (1964). *O visível e o invisível*. São Paulo: Perspectiva, 1992.

Merleau-Ponty, M. (1969). *A prosa do mundo*. São Paulo: Cosac & Naify, 2002.

Merquior, J. G. (1991). *De Praga a Paris – surgimento, mudança e dissolução da idéia estruturalista*. Rio de Janeiro: Nova Fronteira.

Miranda, W. M. (1992). *Corpos Escritos*. São Paulo: EDUSP.

Moisés, M. (1953). *A gênese do crime em Angústia, de Graciliano Ramos*. In: Brayner, S. (1977). *Graciliano Ramos – fortuna crítica 2*. Rio de Janeiro: Civilização Brasileira.

Moisés, L. P. (1973). *Falência da Críitica*. São Paulo: Perspectiva.

Montaigne, M. *Ensaios*. São Paulo: Abril Cultural, 1980.

Mourão, R. (1968). *A estratégia narrativa de "São Bernardo"*. In: Brayner, S. (1977), *Graciliano Ramos – fortuna crítica 2*. Rio de Janeiro: Civilização Brasileira

Nietzsche, F. *A genealogia da moral*. Rio de Janeiro: Ediouro, s. d.

Novaes Coelho, N. (1964). *Solidão e luta em Graciliano Ramos*. In: Brayner, S. (1977), *Graciliano Ramos – fortuna crítica 2*. Rio de Janeiro: Civilização Brasileira.

Paes, J. P. (1990). O pobre-diabo no romance brasileiro. In: *A aventura literária*. São Paulo: Companhia da Letras.

Pinto, R. M. (1962). *Graciliano Ramos: autor e ator*. São Paulo: Faculdade de Filosofia, Ciências e Letras de Assis.

Pontalis, J-B. (1979). Prefácio a *Juego y Realidad* (Playing and Reality). Barcelona: Gedisa.

Pontalis, J-B. (2002). Entrevista ao *Jornal de Psicanálise* da SBPSP, vol. 35, n° 64/65.

Prince, G. (1996). El narratario. In: Sullà, E. (ed.) *Teoria de la Novela – Antologia de Textos del Siglo XX*. Barcelona: NIU.

Ramos, C. (1979). *Mestre Graciliano: confirmação humana de uma obra*. Rio de Janeiro. Civilização Brasileira.

Ramos, G. (1933). *Caetés*. Rio de Janeiro: Record, 1982.

Ramos, G. (1934). *São Bernardo*. Rio de Janeiro: Record, 1996.

Ramos, G. (1936). *Angústia*. Rio de Janeiro: Record, 1975.

Ramos, G. (1938). *Vidas Secas*. São Paulo: Martins, 1973.

Ramos, G. (1945). *Infância*. Rio de Janeiro: Record, 1975.

Ramos, G. (1947). *Insônia*. São Paulo: Record, 1977.

Ramos, G. (1953). *Memórias do Cárcere*. 2 vol. São Paulo: Record, 1975.

Ramos, G. (1954). *Viagem*, Rio de Janeiro: Record, 1975.

Ramos, G. (1961). *Viventes das Alagoas*. Rio de Janeiro, São Paulo: Record, 1980.

Ramos, G. (1962). *Alexandre e outros heróis*. Rio de Janeiro: Record, 1984.

Ramos, G. (1962). *Linhas Tortas*. São Paulo: Record, 1994.

Ramos, G. (1962). A marcha para o campo. In: *Linhas tortas*. Rio de Janeiro, São Paulo: Record, 1994.

Ramos, G. (1981). *Cartas*. Rio de Janeiro: Record.

Ramos, R. (1967). Introdução a *Histórias Agrestes (antologia)*, Rio de Janeiro: Edições Ediouro.

Ramos, R. (1992). *Graciliano: retrato fragmentado*. São Paulo: Siciliano.

Ricoeur, P. (1969). *O conflito das Interpretações: ensaios de hermenêutica*. Porto: Rés, 1988.

Rodman, F. R. (1987). *The Spontaneous Gesture: Selected Letters of D. W. Winnicott*. Cambridge: Harvard University Press.

Rosenfield, D. (2002). *Hegel*. Rio de Janeiro: Jorge Zahar Editor.

Roudinesco, E. (1993). *Jacques Lacan: esboço de uma vida, história de um sistema de pensamento*. São Paulo: Companhia das Letras.

Saussure, F. (1915). *Curso de Linguística General*. Buenos Aires: Losada, 1945.

Saramago, J. (1998). *Ensaio sobre a cegueira*. São Paulo: Companhia das Letras.

Sartre, J. P. (1943). *L'Être et le Néant: essai d'ontologie phénoménologique*. Paris: Gallimard, 1971.

Sartre, J. P. (1945). *Com a morte na alma*. São Paulo: Difusão Européia do Livro, 1968.

Sartre, J. P. (1946). *O existencialismo é um humanismo*. São Paulo: Abril Cultural, 1979.

Sartre, J. P. (1952). *Saint Genet: Comédien et Martir.* Paris: Gallimard, 1996.

Schüler, D. (1993). *Angústia, romance e salto*. In: Fischer, L. A. (Org.) *Graciliano Ramos*. Cadernos Porto&Vírgula. Porto Alegre: Secretaria Municipal da Cultura.

Schwarz, R. (1987). *Que horas são? – ensaios*. São Paulo: Companhia das Letras.

Tchekhov, A. (1979). Kaschtanka. In: *As três irmãs – Contos*. São Paulo: Ed. Abril.

Turchi. M. Z. (1997). Graciliano Ramos: memórias cruzadas. In: *Literatura confessional*. (Org.) Maria Luiza Remédios. Porto Alegre: Mercado Aberto.

Winnicott, D. W. (1949). The innate morality of the baby. *Trough Paediatrics to Psycho Analysis*. New York: Bruner/Mazel, 1992.

Winnicott, D. W. (1949a). Mind and its relation to the psyche-soma. *Trough Paediatrics to Psycho-Analysis*. Bruner/Mazel, New York, 1992.

Winnicott, D. W. (1951). Transitional Objects and transitional phenomena. In: *Through Paediatrics to Psycho-Analysis: Collected Papers*. New York: Brunner/Mazel, 1992.1

Winnicott, D. W. (1958). The capacity to be alone. in: *The Maturational Processes and the Facilitating Enviroment*. Madison/Connecticut, IUP, 1996

Winnicott, D. W. (1960). The theory of the parent-infant relationship. In: *The Maturational Processes and the Facilitating Environment*. IUP, Madisson,1996.

Winnicott, D. W. (1963). Communicating and not-communicating leading to a study of certain opposites. in: *The Maturational Processes and the Facilitating Enviroment*. Madison/Connecticut, IUP. 1996.

Winnicott, D. W. (1968). The use of an object and relating through identification. In: *Playing and Reality.* London: Tavistock, 1971.

Winnicott, D. W. (1971). *Playing and Reality.* London: Tavistock.

Winnicott, D. W. (1971). Playing: a theoretical statement. In: *Playing and Reality.* London: Tavistock.